# 전원의 쾌락

**DENEN NO KAIRAKU VILLA D'EST NO 12KAGETSU**

ⓒ TOYOO TAMAMURA 1995

Originally published in Japan in 1995 by SEKAIBUNKA PUBLISHING INC.
Korean translation rights arranged through TOHAN CORPORATION, TOKYO.,
and Bestun Korea Agency, Seoul, Korea

이 책의 한국어판 저작권은 베스툰 코리아 에이전시를 통해
저작권자와 독점계약한 뮤진트리에 있습니다.
저작권법에 의해 한국 내에서 보호를 받는 저작물이므로 무단 전재와 복제를 금합니다.

# 전원의 쾌락

다마무라 도요오 지음 | 박승애 옮김

mujintree
뮤진트리

본문을 시작하기 전에
# 일과 놀이 사이의 지극한 행복

도쿄에서 태어나고 자란 우리 부부가 신슈로 들어와 전원생활을 시작한 지도 벌써 12년이 되었다. 처음에는 가루이자와 별장지 근처에서 살다가 4년 전 도부마치로 이사했다.

작은 산비탈 위에 터를 잡고, 눈앞에 펼쳐진 비탈에 밭을 일구기 시작해서, 와인 제조용 포도, 허브, 호박, 토마토, 고추 등의 서양 채소를 키웠다. 경험도 전혀 없이 밭농사에 덤벼들어 그럭저럭 3년을 보내고 나니 농원 생활도 슬슬 자리를 잡아가는 듯하다.

비가 많이 오고 기온이 낮았던 해, 몹시 뜨겁고 가물었던 해…… 이렇게 매년 예측불허의 자연에게 정신없이 휘둘리는 중이다. 그러나 매일 이렇게 경험을 쌓아가며 미약하지만 또렷이 느끼는 것

이 있으니, 우리가 보람 있는 삶의 모습에 다가가고 있다는 사실이다.

　빌라데스트는 우리가 이 농원에 붙인 이름이다. 우리는 그토록 찾아 헤매던 이상의 땅에 이름을 붙이며, 이곳에서 삶의 둥지를 틀고 도시와 전원을 이어가며 생활과 문화의 새로운 스타일을 모색해 나가겠다는 바람을 담았다.

　이 책은 〈가정화보〉에 연재되었던 에세이 '빌라데스트의 열두 달'을 묶은 것으로, 원고를 손보면서 최근 소식도 덧붙였다. 1년간 연재했지만, 실제로는 3년간 사진을 찍고 글을 쓰면서 집이 완성되고 농원이 자리를 잡아가는 과정을 정리한 것이다. 독자들이 생생하게 느낄 수 있도록 애썼다.

무아지경으로 살아온 3년. 아직도 생활의 많은 부분들에서 크고 작은 변화가 이어지고 있지만, 어쨌든 발전하는 방향으로 나아가고 있다고 믿는다. 자세한 이야기는 본문에서 하겠지만 독자들도 이 책을 펼치는 순간 빌라데스트의 바람과 햇빛, 그리고 '전원의 쾌락' 한 조각이라도 나눠 가질 수 있다면 더 이상의 행복이 없겠다. 이제부터는 여유를 가지고 차분히 빌라데스트 라이프스타일을 심화시켜 나가고자 한다.

취재와 발간으로 장기간 이 일에 매달렸던 여러 스태프들, 그리고 취재 과정에 협력해준 많은 분들께 깊은 감사를 드린다.

빌라데스트 서재에서

# * 한눈에 펼쳐진 빌라데스트

3,500평 빌라데스트의 밭.
포도, 토마토, 감자, 각종 허브 등으로 1년 내내 풍성한 모습을 보여준다.

일러스트레이션-다마무라 도요오

## 차례

본문을 시작하기 전에 — 일과 놀이사이의 지극한 행복

한눈에 펼쳐진 빌라데스트

## 1월
안온한 사치, 벽난로 앞에서 맞이하는 새해  14

## 2월
빌라데스트 최고의 전망 좋은 방에서 보내는 한철  30

## 3월
겨울을 아쉬워하며, 봄을 기다리며  52

## 4월
뻐근하게 즐거운 밭농사가 시작됐다!  70

## 5월
퍽! 하고 박히는 괭이 날, 툭! 하고 떨어지는 땀방울  86

## 6월
직접 재배한 허브라서 더 향긋한 티타임  102

## 7월
채소는 매일 자라고, 우리는 매일 거둔다　124

## 8월
토마토 수확의 붉은 여름　142

## 9월
잠시 숨을 돌리며, 우리 동네 산보　164

## 10월
빌라데스트 포도로 만든 하우스 와인　188

## 11월
색색으로 조용히 물드는 늦가을　210

## 12월
수확의 기쁨과 자연에 대한 감사를 담아, 건배!　228

● 다마무라 추천 요리 레시피
옮긴이의 말–부럽다, 이 부부의 삶

# 1월

우리 부부가 밭농사를 지어보겠다며 가루이자와 숲을 떠나,
멀리 일본 알프스가 바라보이는 이곳 도부마치의 언덕으로
이주해온 지도 벌써 3년이 지났다.
해마다 새해가 다가오면 언제나 이 집을 지을 당시의 일들이
생각난다. 따뜻하게 타오르는 불꽃을 앞에 두고 긴 겨울밤이
깊어가는 줄도 모르고 그 이야기를 나눈다.

# 안온한 사치,
# 벽난로 앞에서 맞이하는 새해

마른 허브 가지를 불쏘시개 삼아 벽난로에 불을 피우고 그 앞에 앉아 있으면 잘 마른 장작이 타닥타닥 터지는 소리가 들려온다. 기나긴 겨울밤의 지극한 즐거움이다. 우리가 살고 있는 이 산꼭대기는 이맘때면 땅이 꽁꽁 얼어붙어 밭농사는 지을 수 없게 된다. 얼음이 녹아 질퍽거리며 시커먼 땅에서 아지랑이가 피어올라오는 봄까지, 꿀 같은 잠간의 휴식이 주어진다. 여름철에는 아침 4시에 일어날 때도 있는 우리는, 이렇게 해가 늦게 뜨는 겨울에는 자주 밤늦게까지 난로 앞에서 시간을 보낸다. 이 농한기를 어떻게 보내는가에 따라 한 해의 성패가 갈린다.

신슈는 고모로小諸와 우에다上田 사이의 지쿠마 강千曲川 북쪽에 위치하고 있다. 남쪽으로 기울어진 지형의 도부마치, 해발 850미터의 작은 산 정상 가까이에 우리 집이 완공된 것은 1992년 봄이었다. 우리는 7년간 살던 가루이자와 집을 팔고, 옆 동네 미요타御代田의 한 농원에서 임시로 살면서 집의 완공을 기다릴 셈이었는데, 결국 끝까지 못 기다리고 1991년 여름, 아직 공사가 끝나지 않은 집에 들어와 살기 시작했다.

제일 처음 완성된 곳은 주방, 그 다음이 침실……. 방이 하나씩 완성될 때마다 짐도 하나씩 풀었다. 현관에서 주방에 이르는 복도에 카펫이 깔리고 집 안에서 신발을 신지 않고 다닐 수 있게 된 것이 그해 12월 28일. 그런 연유로, 매년 새해를 맞이할 때마다 우리들은 지난 한 해만을 돌아보는 것이 아니라, 자연히 이 집과 빌라데스트의 기원까지 생각이 거슬러 올라간다.

## 100퍼센트의 벽난로를 찾기 위한 여정

새집에는 돌과 벽돌로 만든 벽난로 두 대, 그리고 장작과 코크스cokes 구멍이 많은 고체 탄소 연료를 때는 일반 난로 두 대가 있다. 주방에는 조리용으로 좀 작은 사이즈의 벽난로를, 1층 거실 벽면에는 대형 벽난로를 설치했다. 깊은 산속의 밤은 완벽한 어둠으로 다가온다. 나는 이 깊어가는 밤을 나풀나풀 타오르는 빨간 불꽃을 벗 삼아 즐기고 싶다는 생각으로 벽난로만큼은 설계부터 전문가에게 맡겨 제대로 시공해야겠다고 벼르고 있었다. 왜냐하면 벽에 적당히 구멍을 파고 굴뚝이나 하나 세우면 그만일 것같아 보이는 벽난로가, 정석대로 치밀하게 설계된 구조가 아니면 제대로 불타오르지 않는다는 사실을 너무나 잘 알고 있었기 때문이다. 나 자신의 경험으로!

10년 전 가루이자와에 집을 지을 때도 벽난로를 만들었다. 난로를 둘러싸고 사방에 사람이 앉을 수

마른 허브 가지는 불쏘시개로 최고다.
숙달된 솜씨 덕분인지 순식간에 불기둥이 올라온다.

있는 이로리<sub>마룻바닥의 일부를 네모나게 잘라내고 불을 피울 수 있도록 만들어 놓은 난방과 취사를 겸한 화로</sub> 형으로, 천장에서 깔때기를 거꾸로 늘어뜨린 것처럼 커다란 굴뚝이 내려오는 모양이었다. 어느 인테리어 디자이너의 별장을 찍은 사진에 있는 벽난로를 보고 따라 만든 것이다. 그런데 그 난로는 제 구실을 거의 못했다. 아무리 불을 붙여도 연기만 꾸역

별채에 설치한 조리용 난로

꾸역 났다. 아주 잘 타는 재료로 불을 피우면 겨우 불꽃이 올라오긴 했지만, 그때는 이미 방안 가득 연기가 차서 숨도 쉬기 어려운 상태가 되고 만다. 주방에서 일단 숯을 피운 다음에 난로에 가져다 넣고 화로 비슷하게 사용했다. 결국 단순히 인테리어 역할밖에 못하는 장식품을 7년이나 끼고 산 셈이다. 나중에 어떤 자리에서 문제의 그

성능이 뛰어난 주방 난로.

디자이너를 만날 기회가 있었다.

"그 별장의 난로가 너무 멋져 보여서 저도 똑같이 하나를 만들었는데 말이지요."

내가 그 난로 때문에 고생한 이야기를 꺼내자 그 디자이너는 배꼽을 잡고 웃었다.

"하하하, 우리 집도 실정이 똑같아요. 별장 완공 파티 하던 날, 손님들 잔뜩 불러다 놓고, 처음으로 불을 붙였다가 방안이 너구리굴이 되는 바람에 다들 눈도 못 뜨고 캑캑거리며 집 밖으로 뛰쳐나왔다는 것 아닙니까. 하하, 어찌나 춥던지."

이런! 진작 물어보고 할 걸……. 어쨌든 벽난로에 관해서는 그런 에피소드까지 있다. 이로리의 경우는 특히 더 그렇다지만 실은 모든 벽난로 설계가 아주 까다롭다고 한다. 이번에 집을 지을 때도 벽난로 업자들을 많이 만나보았는데 다들 그게 보통 어려운 일이 아니라며, 직접 설계해서 만드는 벽난로 공사를 맡으려 들지 않았다. 모두가 기성품 벽난로를 설치하는 방법만 추천할 뿐이어서 거의 포기 상태에 이르렀을 때, 우연히 아는 사람을 통해 솜씨 좋은 벽난로 장인을 찾아내는 데 성공했다. 덕분에 우리는 지금 아주 성능 좋은 벽난로를 소

안온한 사치, 벽난로 앞에서 맞이하는 새해

유하는 행운을 누리고 있다.

## 겨울의 시그널, 마른 허브와 장작 타는 냄새

먼저 신문지 한두 장을 구겨서 난로 바닥에 놓고 그 위에 불쏘시개용 나무를 올려놓은 다음 불을 붙인다. 오랫동안 사용하지 않아서 난로가 완전히 식어버렸을 때는 먼저 종이 한 장을 태워서 따뜻한 공기가 위로 올라가는 기류를 만드는 게 좋다고들 하는데, 우리 난로는 어찌나 불이 잘 붙는지 그럴 필요조차 없다. 불쏘시개는 보통 나무젓가락 굵기의 가는 나뭇가지를 사용하는데 우리 집에서는 주로 마른 허브 덤불을 쓴다. 허브가든에서 기르는 민트나 오레가노, 타임, 바질 등을 통째로 뽑아서 건조시킨 다음 잎을 따서 허브티나 쿠션, 향기 주머니 등을 만드는데, 이때 대량의 허브 가지 덤불이 나오기 때문이다. 그것을 잘 보관해놓았다가 벽난로 불쏘시개로 쓰고 있다.

이 마른 허브 가지 덤불을 쓰면 불도 금세 붙을 뿐 아니라 집안이 온통 허브 냄새로 아주 향긋해진다. 거기에 가는 나뭇가지들을 올리고 불을 붙인다(집 주변을 정리할 때 나오는 가는 나뭇가지들, 그것도 단으로 묶어두고 쓰는데, 모자랄 때는 내가 직접 산으로 나무를 구하러 간다). 그러고 나서 불꽃의 상태를 보아가며 장작을 한두 개 올리고, 불꽃이 안정되면

이 정도 장작이면 한겨울은 너끈히 날 수 있다. 장작 패기는 아주 중요한 월동 준비이고, 장작 쌓기 역시 중요한 인테리어 요소다.

굵은 통나무 장작을 추가해 얹는다. 이 과정이 끝나면 난로는 타닥타닥, 기분 좋은 소리를 내며 언제까지라도 따뜻한 불꽃을 피워 올린다.

그리고 장작은 얼마든지 있다. 집을 짓기 위해 농지에 접해 있던 1,000평가량의 적송림을 개간했는데, 그때 나온 나무들을 전동톱으로 토막토막 자른 후 도끼로 패서 장작으로 만들어놓았다. 젊은 친구들에게 도움도 받아가며, 둘이서 한 달 동안 패놓은 장작이 집 북쪽 처마 밑에 빼곡하게 쌓여 있다.

그런데 이 소나무 장작은 벽난로용으로는 별로 좋지 않은 모양이다. 송진 때문에 그을음이 많이 나와서 굴뚝 청소를 자주 해주지 않으면 안 된다고. 그래서 요즘은 졸참나무나 벚나무 장작을 때고 있다. 그런 나무들은 산림조합에서 아주 싸게 구입할 수 있다. 그러나 가끔 소나무 장작도 섞어 때고 있기 때문에 언젠가는 청소를 해야 할 거다. 굴뚝 청소 도구는 벌써 벽난로 업자에게 부탁해서 갖추어놓았다. 때늦은 산타 할아버지 놀이를 언제 할지는 본인의 각오에 달려 있다.

## 전원생활은 귀족 놀이가 아니다

봄에서 가을까지는 정말 정신없이 바쁘게 지나간다. 비닐하우스에서 씨 뿌리기, 싹 틔우기, 모종 돌보기를 해야 하고, 또 아직 추위가 물러가지 않은 밭도 갈아놓아야 한다. 트랙터로 갈아엎은 다음 괭이로 두둑을 만들고 늦서리가 물러가기를 기다렸다가, 채소의 모종을 노지에 옮겨 심는다. 그때쯤이면 포도나무도 새순을 내밀기 시작하고 허브도 손질해야 한다. 무엇보다도 잡초가 맹렬한 기세로 자라나기 시작해서 일이 많아진다.

6월부터 7월에 걸쳐서는 양상추류와 호박을 따기 시작한다. 마늘과 양파도 수확해야 한다. 8월로 접어들면 완전 아수라장으로 변한다. 토마토는 사람의 손을 기다려주지 않고 시뻘겋게 익어가고, 포

도 넝쿨은 멋대로 뻗어 나간다. 캐모마일은 아무리 따주어도 매일 새로운 꽃을 피워내고, 블루베리도 그냥 내버려두었다가는 새들이 다 먹어치우고 만다. 우리 부부와 일을 도와주는 노인 한 분, 이렇게 셋이서 3,500평이나 되는 밭을 온종일 기어 다닌다. 거기에 또, 오랜만에 얼굴이나 한번 보자고 찾아오는 친구들, 친하지는 않지만 농원 구경을 시켜달라며 찾아오는 지인들, 여기에 느닷없이 구경하러 오는 모르는 사람들. 엄청난 숫자의 사람들이 끊임없이 찾아오는 바람에, 안내니 식사니 숙박이니……. 게다가 밤에는 겨울을 대비해 토마토 페이스트, 바질 페스토 소스, 잼 등의 저장 식품과 허브 상품을 만드는 동시에 다음날 나갈 채소 출하까지 준비해야 한다.

아침 일찍이, 또는 작업 틈틈이 시간을 내서 원고도 쓰고 있지만, 일하고 웃고 먹고 마시는 어느 틈엔가 하루는 끝나버리고 만다. 산기슭에 펼쳐진 넓은 농원이 내다보이는 큰 집을 보면서, "대단하네요. 이건 완전 귀족 생활이군요."라고 말하는 사람들도 있는데, 그건 이 사람들이 진짜 뭘 모르고 하는 소리다. 실상은 하루 종일 노예처럼 일한 다음 '자, 이제부터 귀족이 되어볼까.' 하는 순간 이미 눈꺼풀은 감기고 정신없이 잠으로 곯아떨어지는 생활의 연속이기 때문이다.

첫해는 집 짓는 일과 밭 개간하는 일에 골몰하다보니 정신없이 지나갔다. 이듬해부터 본격적으로 시작한 밭농사는 와인용 포도 품종인 메를로Merlot, 샤르도네Chardonnay, 피노 누아Pinot Noir, 그리고 각종 허브와 토마토, 호박, 피망이 중심이 되는 한여름 채소들이다. 고추 출하가 끝나고 마늘과 양파를 심을 때쯤이면 가을걷이도, 손님맞이도 일단락된다. 그 다음은 낙엽 모으기와 나뭇가지 줍기에 열을 내는 정도의 일이 남는다. 원래는 드디어 맞이한 농한기에 한숨 돌려야 할 때이지만, 여름 내내 쌓인 서류 정리, 방 정리, 미뤄두었던 원고 손보기와 그림 그리기 등, 해야 할 일이 또 산더미처럼 쌓여 있어, 결국 겨울이 되어도 제대로 귀족 생활을 즐겨볼 형편은 못 된다. 그래도 어느 틈엔가 길어진 밤 시간은 잠자리에 들기 전 벽난로 앞에 앉아 와인 잔을 기울일 정도의 여유는 허락해준다.

겨울이 되어도 제대로 귀족 생활을 즐겨볼 형편은 못 된다.
그래도 어느 틈엔가 길어진 밤 시간은 잠자리에 들기 전 벽난로 앞에 앉아
와인 잔을 기울일 정도의 여유는 허락해준다.

안온한 사치, 벽난로 앞에서 맞이하는 새해

## 긴긴 밤, 우리들의 이야기는 끝없이 이어지고

난로 위쪽 벽은 인도 사암砂岩에 포도 문양을 부조로 새겨 넣었다. 친구인 조각가 후네야마船山磁生 씨의 솜씨다. 난로의 둘레와 윗면의 장식용 선반은 석회암 대리석을 물갈기 연마 공법으로 가공해서 쌓았다. 그 돌은 나와 아내가 기후岐阜에 있는 공장까지 가서 직접 고른 것이다.

생각해보니 집터를 찾아다니는 데 2년, 그리고 집 짓는 데 2년을 보냈다. 모든 정열과 에너지를 쏟아 만든 우리들 인생 후반의 거점 만들기는 그 후 이어진 2년간의 농사짓기 수습기간을 거쳐 이제야 비로소 일상생활을 즐기는 본격적인 삶을 시작하는 느낌이다.

난로 앞에서 대화하기 위해 준비한 야식은 감자 그라탱과 치즈, 래디시, 유제품을 뺀 나머지 채소는 다 이곳 빌라데스트 농원에서 나온 것이다. 아직까지는 수입 와인을 마시고 있지만, 10년 정도만 지나면 내가 키운 포도로 만든 와인을 이 벽난로 앞에서 마시고 있으리라. 이리저리 흔들리며 다양한 모습으로 타오르는 불꽃은 아무리 바라봐도 새롭고, 하고 싶은 이야기도 아직 무진장 남아 있지만, 밤도 깊었고 슬슬 2층 침실로 올라가야 할 때다. 아, 불 걱정은 안 해도 된다. 난로의 불은 그대로 차분히 타들어가 아침이 오기 전에 오롯이 자취를 감출 테니까.

벽난로 앞에서 먹는 야식은 감자 그라탱과 치즈, 래디시. 뱃속이 뜨듯해지는 음식들이다.

# 2월

우리는 이 집을 지으면서
가장 전망 좋은 곳은 주방이 되어야 한다는 데 이견 없이 합의했다.
거기가 바로, 나와 아내가 가장 많은 시간을 보내는
장소가 될 것이 틀림없으므로. 요리용 난로 위에서 음식도 만들고,
오후의 화사한 햇빛을 즐기며 와인 잔도 기울이며…….
역시, 상상했던 대로 추운 겨울에는
하루 거의 대부분의 시간을 주방에서 보내고 있다.

# 빌라데스트
# 최고의 전망 좋은 방에서
# 보내는 한철

이탈리아 이야기다. 술을 너무나 사랑하던 어떤 귀족이 여행을 하게 되었는데, 하인을 앞서 보내며 여행 코스에 있는 여관들을 체크해서 좋은 와인이 있는 집을 발견하면 그 집 문짝에 '에스트Est!' 라는 표시를 해놓으라고 명을 내렸다. 그리고 그중에서도 뛰어나게 훌륭한 와인이 있는 집에는 '에스트! 에스트!' 라고 표시해놓으라고.

그랬는데, 로마 근교의 몬테 피아스코네Monte Fiascone라는 마을에 당도한 하인은 그 마을의 술이 어찌나 맛이 좋던지, 자기도 모르게 "에스트! 에스트! 에스트!" 즉, "여기다! 여기다! 여기다!"라고 세 번이나 외치고 말았다. 그런 연유로 이 지방의 술은 이후로 '에스트

에스트 에스트'로 불리게 되었다고.

    이게 실제로 있었던 이야기인지, 그저 자기 마을의 와인을 선전하기 위해 지어낸 이야기인지는 확실치 않다. 그러나 2년 동안이나 전망 좋고 햇빛 잘 드는 괜찮은 땅을 찾아 신슈의 구석구석을 찾아다니던 우리 부부도 지금의 이 터, 도부마치의 죠야마城山라는 조그만 산 위에서 눈 아래로 펼쳐진 풍경을 내려다본 순간 자신도 모

숲에서 따온 느타리버섯에 말린 포르치니 등의 야생 버섯을 넣어서 리소토를 만들고 있다.
(242페이지 레시피 참조)

르게 "여기다!" 하는 탄성을 지르고 말았으니 꽤 근거 있는 이야기가 아닐까! 어쨌든 우리는 그 순간 '에스트 에스트 에스트' 일화를 떠올리게 됐고, 마침 'Est'는 프랑스어로 동쪽이라는 뜻이고 또 도부마치東部町를 영어로 풀면 이스트 사이드 타운East Side Town이니까 그 첫 글자를 따면 바로 Est가 된다는 등의 이유를 억지로 끌어다가, 그 산 위에 지은 빌라와 농원을 빌라데스트Villa d'Est라고 부르기로 했다. 기왕이면 와인용 포도 재배도 해보자는 생각도 바로 그때 떠오른 아이디어다.

## 만들고 먹고 마시는 지극한 행복

그 집의 가장 전망 좋은 곳을 어떤 공간으로 사용하는지로 집주인의 라이프스타일을 정확하게 알 수 있다. 거실 혹은 응접실 아니면 욕실······.

나는 조금의 망설임도 없이 주방을 택했다. 주방이야말로 우리

수납과 조리대로 대활약을 하는 아일랜드 테이블.

가 하루 중 가장 많은 시간을 보내게 될 장소이기 때문이다. 나라는 사람은 원래 그냥 놔두면 하루 종일 음식을 만들고 먹고 마시고 하는 인간이다. 기왕이면 가장 쾌적한 장소에서 좋아하는 일을 하며 보내는 게 좋지 않은가. 우리 집 터는 동쪽과 남쪽이 숲으로 둘러싸이고 서쪽으로 터져 있다. 그래서 전망이 가장 아름다운 서쪽 튀어나온 부분에 주방을 배치했다. 저녁 해가 든다는 것이 약간 마음에 걸렸지만, 첫 만남에서 "여기다!" 하고 탄성을 터뜨렸던 그 순간의 풍경이 커다란 창을 통해 그대로 보인다는 점과, 곱게 물드는 석양을 바라보며 하루를 마무리할 수 있다는 점에서 망설일 필요가 없었다.

여름에는 커다란 창문 바로 정면으로 해가 떨어진다. 겨울에는 해가 왼쪽 소나무 숲 쪽으로 숨어버리는데, 저녁 식사를 준비할 시간 즈음이면 검은 그림자를 드리운 산 끄트머리는 붉은 노을에 반짝반짝 빛나고 살며시 어둠이 가라앉는 산 아랫마을에서는 하나둘씩 불빛이 반짝이기 시작한다. 유난히 하늘이 아름다운 저녁에는 집 안 전등을 전부 끄고 조용히 앉아 한동안 넋을 잃고 그 광경을 바라볼 때도 있다.

### 시간을 라르고로 즐기는 겨울

추운 겨울을 지내기에는 주방만한 곳이 없다. 조리용 화구만 해도 프랑스제 쿠킹 스토브가스<sup>4구 핫플레이트, 그릴 1대, 가스와 전기 오븐이 1대</sup>

나라는 사람은 원래 그냥 놔두면
하루 종일 음식을 만들고 먹고 마시고 하는 인간이다.
기왕이면 가장 쾌적한 장소에서
좋아하는 일을 하며 보내는 게 좋지 않은가.

빌라데스트 최고의 전망 좋은 방에서 보내는 한철

씩 내장와 중화요리용 대형 버너, 생선 그릴, 그리고 숯이나 장작을 피울 수 있는 작은 조리용 난로가 있다. 그것들 가운데 어딘가에는 늘 불이 켜 있어서 부엌은 언제나 따뜻하다. 그리고 조리용으로 쓰는 아일랜드 테이블 외에도 여덟에서 열 명은 너끈히 앉을 수 있는 영국제 앤티크 대형 식탁이 있어서 차를 마시거나 티브이를 보거나 책을 읽기에도 좋다. 나는 여기서 종종 주부 작가처럼 불에 올려놓은 조림이 타지 않는지 들여다보며 원고를 쓴다.

그러고 있으면 꼭 누군가 찾아와 환호성을 지르며 식탁 주위로 모여든다. 귀한 손님일 경우 응접실 쪽으로 안내하려고 해도, 일단 주방을 보고 난 후엔 여기에 마음을 뺏기는 모양인지 집안을 한 바퀴 둘러보고는 다시 주방에 자리를 잡는다. 편안한 분위기란 누가 보아도 금방 알아보게 마련인가 보다.

친구들이 모여 왁자지껄 떠드는 시간도 즐겁지만, 커다란 창으로 풍성한 햇살이 쏟아져 들어오는 오후, 아내와 무아지경에 빠져 열심히 음식을 만드는 시간 또한 더할 나위 없이 행복하다. 어떤 때는 아침부터 요리에 열을 올리기도 한다. 만두(만두피는 아내, 만두소는 내 담당)나, 피자(역시 도우는 아내, 토핑은 내 담당)를 만들기도 한다.

얼마 전에는 소시지를 만들었다. 옛날에는 꽤 자주 만들었는데 최근 몇 년간은 분주한 일이 많다 보니 까맣게 잊고 있었다. 만드는 과정도 재미있고 직접 만들어 먹으면 시판하는 것과는 비교가 안

소시지 만들기는 확실히 번거롭다. 그러나 시판 제품과는 비교할 수 없는 맛 때문에 가끔씩 일을 벌인다.

될 정도로 맛있지만, 이게 보통 손이 가는 일이 아니어서 아주 큰 맘 먹고 작정해야 만들게 된다.

    먼저, 고기 가는 기계로 돼지고기를 곱게 간다. 소금, 후추를 약간 넣고 직접 수확한 마늘과 고추, 그리고 세이지, 타임 등의 허브를 취향에 맞게 넣고 잘 섞는다. 한쪽에서는 소금에 절인 창자(굵은 것은 돼지 창자, 가는 것은 양의 창자)를 물에 불려 노즐 끝에 끼워 넣는다(요게 꽤 어렵다). 그 다음에는 고기 가는 기계 끝에 부속을 갈아 끼우거나 케이크 만들 때 쓰는 소스 튜브로 창자에 내용물을 꾸역꾸역 집어 넣기만 하면 되는데, 이 과정이 생각보다 상당히 힘들다. 그러고 나

서 내용물이 들어간 창자 중간 중간을 실로 묶어주면 완성! 그런데 잘못하면 창자 옆구리가 터지는 수도 있다. 1킬로그램의 고기를 다 처리하고 나니, 겨울답지 않은 강한 햇살 탓도 있었겠지만 상당히 땀이 났다.

그렇게 완성된 소시지는 물에 삶은 다음 다시 살짝 굽는다. 이 수제 소시지에 주방 바로 앞쪽 숲에서 재배한 느타리버섯과 이탈리아에서 사온 말린 포르치니 버섯을 물에 불려, 그 물과 닭 뼈를 우린 육수로 리소토를 만들어 곁들였다.

늦은 점심, 와인도 한 잔 했겠다, 남은 것은 낮잠뿐이다. 해가 떠 있는 동안에는 줄곧 바깥에서 살았던 여름과 달리 이렇게 태양을 낭비할 수 있는 건, 땅이 꽁꽁 얼어붙어서 아무 일도 할 수 없기 때문이다. 신슈에서만 즐길 수 있는 호사스러운 겨우살이다. 눈에 갇히든지 산사태로 길이 끊어지든지, 우리 빌라데스트에서는 두 달쯤은 너끈히 외부 지원 없이 독립적으로 살아갈 수 있다.

## 뭐든 직접 만들어 먹고 싶은 욕망

늦가을이면 농원의 채소 수확이 끝난다. 이렇게 수확한 파나무, 감자, 양파, 마늘, 고추 등은 지하실에 잔뜩 저장해둘 수 있다. 지하 저장고 옆 칸에 있는 대형 냉동고에는 소고기, 돼지고기, 생선, 새우, 빵 외에도 여름에 만들어둔 토마토 페이스트가 빼곡하게 들어 있고, 잘 건조시킨 콩, 버섯, 병조림으로 만들어놓은 피클, 바질 페스토 등이 있다. 여기에 마른 파스타와 쌀가루까지……. 물론 소금, 식용유, 간장, 그리고 각종 조미료도 잔뜩 비축되어 있다. 메뉴에만 구애받지 않는다면 몇 달은 너끈히 지낼 수 있을 정도의 양이다.

육류는 가고시마의 흑돼지와 국내산 소고기를, 돼지는 반 마리, 소는 등심 한 대, 갈비 반 짝, 이런 단위로 한꺼번에 구입해서 냉장 상태로 배달시킨다. 그걸 적당한 크기로 직접 해체한 다음, 수백 그램에서 2킬로그램 단위의 작은 단위로 나누어 진공 포장을 한다.

여름에 수확한 토마토로 만든 피클(왼쪽), 직접 만든 향신 기름과 과실주(오른쪽).

허브티 포장을 위해 구입한 소형 진공 포장 기계가 여기서도 요긴하게 사용되고 있다. 이렇게 진공 포장을 해서 냉동하면 6개월 정도는 끄떡없다. 뭐, 요즘 세상에 두세 달 틀어박힐 일이야 없을 테지만, 게다가 차로 15분만 가면 주류 전문점이니 슈퍼니 편의점이니 없는 게 없지만, 식품만큼은 가능한 한 우리 스타일을 고수하고 싶어 산지에서 직접 구입하는 등, 나름의 철칙을 지키고 있다.

    채소는 자급자족을 원칙으로 하고 있다. 밤에는 여우가 활개를 치며 마당을 돌아다니는 바람에 양계는 포기할 수밖에 없었다. 그러나 마을 농가와 연계해서 식재료를 상호 공급한다면, 얼마든지 서로의 부족한 부분은 채울 수 있다.

여기서 가까운 우에다에 도축장이 있으니까 앞으로는 육류도 이 지역에서 구입할까 생각 중이다. 그리고 이번 여름 강 건너 기타미마키무라北御牧村에 요리 연구가이자 양과자 전문가인 야마모토 레이코 씨가 이사를 온다니 과자는 그쪽에 부탁하면 된다(내 맘대로 혼자서 그렇게 결정했다).

아직 해결책을 찾지 못한 부분은 빵과 커피다. 빵은 냉동이 가능하지만 보관 기간과 종류에서 한계가 있는지라, 얼마쯤 지나 여유가 생기면 우리들이 직접 구워야 할 거란 생각이 든다. 맛있는 빵이야말로 시골생활을 하는 데 있어 부족한 물자 중 하나이다. 뜰 한구석에 빵 굽는 가마를 하나 만들면 최고이겠는데……. 커피도 재배하고 싶은 마음은 굴뚝같지만 기후 조건상 불가능한 일이라 포기하고 대신 커피 볶는 기계를 하나 살까 생각 중이다. 생두를 대량으로 사면 싼값에 구매가 가능한데, 문제는 영업용 커피 볶는 기계가 너무 비싸서 선뜻 결정을 못하겠다. 바로 찧은 쌀로 밥을 지으면 품종에 관계없이 밥맛이 좋다. 비슷한 이치다. 방금 볶은 원두로 내린 커피 맛은 더 말할 필요조차 없다.

## 맛있는 미래를 꿈꾸는 시간

시간 여유가 있는 겨울에는 자주 생각의 나래를 편다. 그 생각

메뉴가 다소 한정되겠지만, 서너 달은 너끈히 버틸 각종 식료품이 저장되어 있는 식품 저장고(위). 식품 저장고 한쪽에 마련된 와인 저장고(아래). 채소는 자급자족, 육류는 산지 직송해서 온 것을 나누어 진공 포장해 냉동하고 있다. 아직은 헐렁하지만 곧 빌라데스트 산 와인으로 꽉 차게 될 와인 저장고에서 빌라데스트의 미래를 꿈꾸고 있다.

의 대부분은 먹고 마시는 것들에 관해서다. '올해는 이렇게 하자. 3년 후에는 이런 모습이 되겠지······.' 지하 식품 저장고 한쪽에는 와인 저장고wine cellar를 따로 마련했다. 다다미 세 장 반 정도의 그다지 넓지 않은 공간이지만, 가득 채우면 2,000여 병 정도는 들어갈 것이다. 지금은 겨우 200병 정도가 들어 있다. '빌라데스트 산 와인이 나오기 시작하면 이 정도는 금방 꽉 차겠지······' 같은 흐뭇한 상상을 하며 오래된 조그만 책상을 마주하고 앉아 와인을 홀짝이며 빌라데스트의 장래, 그리고 거기에서 맛보게 될 요리와 와인에 관한 상상에 젖는 것이 지금의 내게 허락된 소박하고도 커다란 즐거움이다.

# 파란만장,
# 빌라데스트 완성기

　우리 부부가 가루이자와 별장지 구석(이라고 해도 그 후에 이어진 개발로 예전에 우리가 살던 집 근처에도 몇 개의 새로운 건물이 들어서고, 지금은 변두리가 아니라 그야말로 전형적인 별장 타운이 되었다)에서 살기 시작한 것은 1983년 6월. '신형 전원 생활자' 같은 폼 나는 호칭을 달고, 푸른 자연 속에서 산책을 하고 테니스를 즐기며, 작성한 원고는 팩스를 이용해서 도쿄로 보내고……. 그런 생활을 하고 있던 우리가 설마 10년 후, 이런 진짜 농사꾼이 되어 있을 줄은 그때는 전혀 상상하지 못했다.

　가루이자와에서 산 지 3년쯤 되었을 때 나는 심각한 간염에 걸렸다. 과로와 스트레스로 인한 각혈 때문에 받았던 수혈이 원인이었다. 그 후 꼬박 2년을 투병 생활로 보내면서 노후 생활에 대해 구체적인 그림을 그려보았다. 그러다가 집 앞 텃밭에서 채소나 기르며 조용히 사는 것도 나쁘지 않겠다는 생각을 하게 되었다. 마침 그 시기에 아내는 친구의 소개로 미요타에 있는 원예가의 농장에 다니기 시작했다. 아내는 갈 때마다 자연 속에 피어 있던 야생화, 금방 밭에서 수

완성 직후의 거실에서 기념 촬영

확한 채소, 지금껏 본 적이 없는 허브 등을 집으로 가져 왔다. 그것들을 그림으로 옮기기도 하고, 거기서 가져온 채소의 맛을 음미하다 보니, 나도 모르게 그것들이 나고 자라는 시골 생활을 동경하게 되었다. 그때 가졌던 감상과 마음의 변화에 대해서는 '말하자면 너무 길어서' 별도의 책으로 쓸 예정이다.

어쨌든 우리들은 그때부터, 햇빛이 잘 드는 넓은 곳에서 밭농사

(왼쪽에서부터 시계방향으로)
1. 도쿄의 기술자들이 하루 종일 주방 가구를 설치하고 있다.
2. 본격적인 농사꾼을 목표로 진지하게 밭갈이에 도전하고 있다.
3, 4. 우리는 집을 지으면서 창의 크기, 곡선의 정도 어느 것 하나 타협하지 않았다.

를 지으며 살자는 마음으로 마땅한 땅을 찾아다니기 시작했다. 해발 700미터 이상 900미터 이하(시원한 가루이자와에 살던 사람이라 더운 저지대로는 가고 싶지 않았고, 그렇다고 900미터를 넘으면 재배 가능한 작물의 종류가 현저하게 줄어든다)의 땅으로, 주위에 인가가 보여서는 안 되고, 배후는 숲으로 둘러싸여 있고 앞쪽이 훤히 트여서 멀리까지 바라보이는 전망 좋은 그런 곳. 시가지는 멀리 아득하게 불빛이 보일 정도의 거리면 딱 적당하다. 밭은 가능하면 남서면으로 경사가 지고, 창은 서쪽을 향해 있어 커다란 창으로 석양을 바라볼 수 있기를 바랐다. 그런 곳이 우리가 바라는 땅이었다. 희망사항이라기보다는 '무리난제'라고 하는 편이 좋았을까? 그래도 2년간 거의 매주 차를 달려 여기저기 뒤지고 다닌 결과, 드디어 "여기다!"라는 탄성이 나오는 땅을 발견했다.

다행스럽게도 지역 주민의 협조 덕분에 별 어려움 없이 3,500평의 농지와 인접한 숲을 개간할 수 있었다. 그러나 수도를 끌어올 수가 없어서 100미터가 넘는 깊은 우물을 파고, 오랫동안 방치되어 돌멩이가 잔뜩 있는 밭을 다시 고르는 일 등의 힘겨운 일도 많았다.

집을 짓는 공사는 1990년 가을부터 시작했는데 시공 회사를 끼지 않고 업자 선정에서부터 건축자재 조달까지, 우리 힘으로 할 수 있는 것은 직접 다 했다. 이 또한 상당한 에너지가 필요한 일이었지만, 경비 절약의 효과도 있고 무엇보다도 우리의 여생을 보내게 될 보금자리인 만큼, 가능하면 우리의 숨결을 불어넣고 싶었기 때문이다.

설계를 맡아준 미야모토 다다나가宮本忠長 건축사무소는 우리들의 아주 세세한 희망사항까지도 대부분 설계에 반영시켜주었다. 설계를 맡기면서 우리가 건축가에게 한 부탁은 '일본이나 동남아시아에서 오랫동안 생활한 영국인이 은퇴하고 북이탈리아나 남프랑스에 지은 빌라'의 이미지로 집을 지어 달라는 것이었다.

도부마치의 산 위에서 바라보는 전망은 어딘지 모르게 북이탈리아나 남프랑스를 연상시켰다. 빌라는 원래 15세기 북이탈리아에서 처음 지은 것으로 농촌에 거점을 두고 도시에 나가서 활약하는 농장주의 저택을 말한다. 사람들은 그곳을 중심으로 교류를 했고 빌리지Village란 말도 이 빌라Villa라는 어원에서 나온 것이다.

'시원한 전망을 가진 언덕 위에서 아시아인의 생활양식을 이어가면서 영국인처럼 자연과 벗하며 건실하게 살면서, 도시와 전원을 잇는 빌라의 이상에 접근하고 싶다'는 것이 앞서 말한 이 집에 대한 다소 까다로운 콘셉트다. 또 건축가

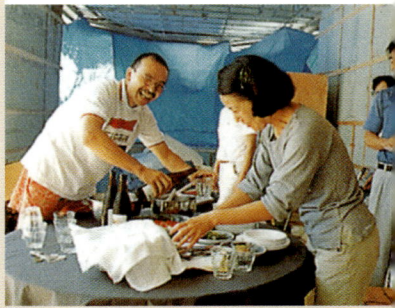

(위에서부터)
1. 토지를 발견한 1989년 6월부터 2년이 지난 뒤, 드디어 구조가 완성되었다.
2. 느긋하게 농사일의 피로를 풀 수 있도록, 목욕탕은 차분하고 편안한 색상을 사용했다.
3. 4. 별채에 묵으며 집짓기에 전력투구하고 있다.

거실에서 바라본 식당. 정리하던 중 잠시 휴식을 취하고 있다.

에게는 '새로 완성되었을 때, 이미 10년은 지난 것 같이 보이는 집, 그리고 20년이 지났을 때 가장 아름답게 보이는 집'을 지어 달라고 주문했다.

부지를 찾아다니는 데 2년, 설계와 건축을 하는 데 2년, 농사를 짓기 시작해서 3년이 흘렀다. 우리들 인생 후반이 달려 있는 생활양식. 그것을 실현하게 될 빌라데스트 프로젝트는 이제 막 출발한 셈이다.

# 3월

신슈의 3월. 밭은 아직 꽁꽁 얼어 있다.
이제 여유 시간은 별로 남지 않았다.
농한기가 끝나가는 것이 아쉽지만
펜으로도 붓으로도 막을 수 없는 봄이 오고 있다.

# 겨울을 아쉬워하며, 봄을 기다리며

잠자리에서 일어나 따뜻한 옷으로 갈아입고 침실을 나와, 2층에 있는 아틀리에로 간다. 아틀리에의 커다란 창으로 바깥을 내다보기 위해서다. 3월이라고는 해도 중순 전까지는 꽤 쌀쌀한 날씨가 계속된다. 봄을 연상시키는 화사한 햇빛에 마음까지 푸근해질 때도 있지만, 하얗게 얼어붙은 아침나절의 밭고랑은 여기서 꽃이 피려면 아직 멀었다는 사실을 뼈저리게 상기시킨다. 특히 기온이 많이 내려간 날은 거기서 다시 침실로 돌아가 옷을 하나 더 껴입고 '으쌰' 하고 기운을 낸 다음, 개를 데리고 산책을 나간다.

우리 집에는 시바, 코로, 바오밥, 이렇게 세 마리 개가 있다. 둘

밭일이 없는 동안엔 특별 주문한 책상에서 원고 집필에 열중한다.

이서 분담해 개들을 30분 정도 산책시키는 것이 아침 일과 중 하나다. 바깥으로 나오기 위해서 상당한 결심이 필요했던 날씨지만 걷고 뛰는 사이 몸이 훈훈하게 풀리고 껴입고 나온 옷이 갑갑하게 느껴지는 것을 보면, 과연 봄이 가까워오긴 한 모양이다.

해가 조금 높이 떠오르면 발밑의 땅도 물렁거리기 시작한다. 겨

울을 나면서 약간 살이 쪘다. 육체노동으로 땀을 흘리던 여름에 비해 몸무게가 3~4킬로그램은 족히 늘어난 듯하다. 그래도 바깥에서 몸을 움직이기 시작하는 4~5월이 되면 저절로 또 빠진다. 매년 되풀이되는 일이라 크게 신경 쓸 일은 아니지만 역시 몸이 둔하게 느껴지는 것은 부담스럽다. 개를 산책시키는 일 외에는 죽 집안에만 틀어박혀 지내는 생활이 이어지다보면, 기다리는 봄이 좀처럼 오지 않는 것 같아 마음까지 무거워진다. 그러나 지금이 중요한 시기다. 남겨진 귀중한 시간을 잘 써야 한다.

글이 일이라면 그림은 놀이다. 그러나 어쩌다 보니 그림으로 전시회도 열게 됐다. 가을에 있을 전시회에 낼 작품 준비로 정신이 없다.

## 일과 놀이 사이, 글과 그림 사이

월동 준비를 끝내고 한숨 돌리는 동안 한 해가 저물고, 정월을 느긋하게 보내다 보면 금세 2월이 찾아온다. 눈 돌아가게 바쁜 농번기에는 늘 겨울을 손꼽아 기다린다. '올겨울에는 이것도 하고 저것도 해야지……' 생각하다가도, 막상 그 겨울이 현실로 주어지면 마

음이 느긋해져버리고 만다. 잠시 어영부영 하다 보면 어느새 겨울은 뒷모습을 보이기 십상이고. 서두르지 않으면 안 된다. 개를 산책시키고 돌아와 간단하게 아침식사를 끝내고 서재에 있는 책상으로 직행한다.

    매월 연재하는 잡지 원고와 가끔씩 들어오는 청탁 원고를 합쳐 20건 정도(400자 원고지로 100매에서 120매)를 쓰는 것은 계절에 관계없이 늘 있는 일이다. 농한기에는 여기에 몇 년 동안 미뤄왔던 단행본 손보는 작업이 추가된다. 이 일은 4월 초순까지 마치지 못하면 다음 해 겨울로 넘어가게 된다. 그렇게 되지 않으려면 농사가 시작되기 전까지 남은 날을 카운트다운 해가면서 계획적으로 일을 진행시

켜야 한다.

집의 남서쪽을 차지하고 있는 서재에는 각 방향으로 크지 않은 창을 하나씩 냈다. 바깥에서 들어오는 빛을 어느 정도 차단해 사색할 수 있는 공간을 만들겠다는 의도였다. 그런데 실제로 그 공간에서 작업해보니, 바깥 경치에 마음을 덜 빼앗긴다고 해서 꼭 원고에 집중한다는 보장은 없더라!

나는 구석에 놓인 책상에서 벽을 바라보고 글을 쓰는 것을 싫어해서, 벽을 등지고 앉아 앞쪽으로 여유로운 공간이 생기도록 책상을 방 한가운데 배치했다. 그렇게 하니까 눈앞에 창과 소파, 또 그 양옆에 놓아둔 장식대 등이 눈에 들어온다. 오른쪽 장식대에는 내 얼굴 동상, 말린 과일, 사해 근처에서 주워온 사암 조각 등이 있고, 왼쪽에는 말린 허브 꽃과 태국 야시장에서 아이들에게 산 진흙 게 화석 등이 있다. 매일 보는 건데도 빛의 각도에 따라 가끔씩 잘못 놓인 듯 보일 때가 있다. 그게 신경이 쓰여 자리에서 일어나 바로잡으러 간다. 그러면 이번에는 다른 것과의 거리나 균형이 깨져버린 느낌이 들어 또 여기저기 손을 댄다. 그러다 보면 먼지가 눈에 거슬려서 닦게 되고, '일인용 소파가 하나 있었으면 좋겠는데…… 벽이 허전하니까 그림이나 몇 장 걸어볼까, 벽 아랫부분을 마감한 나무판 대신 헝겊 보드를 발라볼까……' 따위를 궁리하게 된다.

책상으로 돌아와 앉아도 '방을 이렇게 바꿔볼까, 저렇게 바꿔볼

까……' 하고 궁리하느라 원고는 어느 틈엔가 밀려나고 인테리어 디자인 삼매경에 빠진 적이 한두 번이 아니다. 원고지에 글자 대신 새로 떠오른 인테리어 아이디어로 설계도를 그리는 데 정신없이 빠져 있는데, 어느 틈엔가 아내가 들어와 등 뒤에 서 있는 경우가 있다. 아내가 사무 공간으로 사용하고 있는 복도 쪽으로 나 있는 문은 언제나 열어놓고 있으니 조금도 이상할 일은 아닌데, 나는 왠지 움찔하며 손으로 그림을 가리고 그 위에다 얼른 쓰다 만 원고를 올려놓는다(하하). 아내의 명예를 위해 분명히 말해두지만, 아내는 일 안 하고 딴 짓 한다고 야단치는 사람은 절대 아니다. 그런데 왜 그런 행동이 나오는 것일까? 시험 공부하는 척하고 연애편지 쓰고 있는 중에 불쑥 간식을 들고 들어오던 어머니의 환영에 마흔여덟이나 된 아저씨가 아직도 놀라고 있는 것일까.

서재 책상 바로 오른쪽에 있는 문은 아틀리에로 통한다. 복도에서 서재로 들어왔다는 시늉만 하고 바로 옆문을 통해 아틀리에로 빠져 나가겠다는 꼼수를 쓴 건데(그런 수를 써서 어쩌겠다고!), 실제로는 언제나 열어 놓고 있어서 원고를 쓰다가도 고개만 돌리면 아틀리에가 한눈에 들어온다.

완성되지 않은 그림은 언제라도 볼 수 있는 위치에 놓아둔다. 그러니까 언제든지 마음만 내키면 펜을 내려놓고 붓을 잡으러 아틀리에로 갈 수 있다는 얘기다. 원고 쓰기는 일이고 그림 그리기는 놀이라는 생각으로 방을 나누어놓긴 했는데, 결국 그때그때 하고 싶은 일을 제일 먼저 하고야 마는 내 성격에는 그런 물리적 구분도 어쩔 수 없는 모양이다.

### 그림 삼매경에 빠진 3월

그림은 7년 전쯤, 요양 중에 심심풀이로 그리기 시작했다. 일본 화가인 아버지의 피를 얼마간은 이어받았는지, 금세 그림에 빠지게 되었다. 심심풀이로 시작한 그림이기는 하지만 어쩌면 화가로 늙어 갈 수도 있겠다는 생각으로, 집을 지으면서 2층의 가장 전망 좋은 곳에(부엌 바로 위) 커다란 아틀리에를 만들고 말았다. 그러나 아틀리에가 생긴 지 2년이나 지났지만 완성된 그림은 몇 개 안 된다. 지금

아틀리에의 장작 난로는 윗부분이 평평하게 되어 있어
간단한 국 정도는 얼마든지 끓일 수 있다.
맘만 먹으면 1층에 내려가지 않고도, 여기서 그림만 그리면서 지낼 수 있다.

장작 난로 위에서 만든 갈비탕으로 차린 저녁 식사. 보리밥, 김치, 깍두기, 김을 곁들인 성찬이다.

벽에 걸려 있는 그림들은 대부분 가루이자와 시절에 그린 것들이다.

여기 빌라데스트에서는 농사짓느라 바빠서 느긋하게 붓을 잡을 시간이 좀처럼 생기지 않는다(요즘은 내가 쓴 글에 넣을 일러스트를 자주 그리는데, 그것들은 완성되는 즉시 우편으로 출판사에 넘긴다). 이래서는 안 되겠다 싶어, 올해부터는 본격적으로 그림을 그려볼 생각이다. 더군다나 올해는 늦가을쯤 도쿄에서 개인전을 열게 돼 수십 점의 그림을 그려놓지 않으면 안 된다. 그 때문에 지금은 새로운 그림 재료를 열심히 사들이고 있는 중이다.

수채화를 그리기에 편하도록 상수도 배관과 싱크대도 설치했다.

테이블 위에는 커피메이커가, 선반에는 술이, 복도에 나가면 조그만 냉장고 안에 얼음과 차가운 탄산음료가 들어 있다. 아틀리에의 장작 난로는 윗부분이 평평하게 되어 있어 간단한 국 정도는 얼마든지 끓일 수 있다. 맘만 먹으면 1층에 내려가지 않고도, 여기서 그림만 그리면서 지낼 수 있다.

저녁때가 되면 난로에 불을 지핀다. 오늘은 냄비에 갈비탕을 끓이고 있다. 적당한 크기로 자른 소갈비를 냄비에 넣고 물을 넉넉히 부어 난로 위에 올려놓는다. 한 번 부르르 끓어오르면 거품을 걷어낸다. 그것 말고는 아무것도 할 필요가 없다. 껍질 벗긴 마늘 몇 쪽, 커다랗게 썬 무 한 토막을 집어넣고, 뽀얀 국물이 우러날 때까지 뚜껑을 닫고 끓이기만 하면 된다. 장작 난로는 가스레인지보다 불 조절이 까다롭지만 익숙해지면 괜찮다. 그렇게 세 시간 정도 그대로 두면 고기도 무도 아주 부드럽게 무른다. 소금으로 간을 맞추고 잘게 썬 파를 넣고, 거칠게 간 검은깨를 듬뿍 뿌리면 맛있는 갈비탕이 완성된다.

## 농한기 끝, 아쉬우면서도 들뜨는 마음

저녁은 갈비탕과 보리밥에 김치와 깍두기, 그리고 구운 김. 김치 종류와 김은 가루이자와에 있는 '남대문'에서 얻어 온 것이니까

우리들이 웅대한 풍경에 넋을 빼앗기고 있는 이 순간에도
계절은 착실하게 행진을 하고 있다.
지금 우리 부부는 그 자연의 흐름에 자연스럽게 몸을 맡기고
살고 있다는 생각이 문득 들었다.

맛은 보증수표다.

자, 이제 전시회에 맞춰 그림이 예정대로 진척되느냐 하는 문제만 남았다. 3월 중순이 넘어가면 이제 정말 봄이라는 생각이 드는 화창한 날이 가끔 있다. 그런 날 아내는 얼른 비닐하우스에 호박씨 파종이라도 해야 하는 거 아니냐며 들썩거린다. 농한기에는 사무적인 일들을 처리하고, 서류를 정리하고, 허브 제품을 만드느라 실내 책상에만 붙어살기 때문에 답답했을 것이다. 그러니 바깥 기온이 따뜻해지기 시작하면 나가고 싶어 안절부절 못한다. 작은 모판에 배양토를 채우고 핀셋으로 씨를 심는 작업이 장기인 아내는, '일각이 여삼추'라 할 정도로 봄을 기다린다.

오늘은 아침부터 짙은 안개가 끼었다. 아틀리에의 커다란 창도

3월이라고는 하지만 아침 일찍 바깥을 내다보면 하얗게 얼어 있다.

완전히 우윳빛으로 뿌옇게 흐려져 아무것도 보이지 않는다. 이것도 봄의 징조이겠지. 오후가 되면 안개는 산 위로 올라가버리지만, 대기는 여전히 불안정해서 햇살이 비추는가 싶으면 이내 또 커다란 검은 구름이 시커멓게 하늘을 뒤덮는다. 그러다 어느 순간 검은 구름의 찢어진 틈으로 황금처럼 눈부신 태양빛이 황홀하게 쏟아져 내리며 시선을 사로잡는다. 우리들이 웅대한 풍경에 넋을 빼앗기고 있는 이 순간에도 계절은 착실하게 행진을 하고 있다. 펜으로도 붓으로도 막을 수 없는 크나큰 자연의 힘. 하늘을 올려다본다. 지금 우리 부부는 그 자연의 흐름에 자연스럽게 몸을 맡기고 살고 있다는 생각이 문득 들었다.

# 4월

새잎이 돋기에는 아직 이르지만,
바람에는 이미 봄 냄새가 담뿍 실려 있다.
농사가 시작되는 4월은 농가에서는 명절과 같은 달.
드디어 새로운 농사철의 개막이다.

# 뻐근하게 즐거운
# 밭농사가 시작됐다!

춘분이 지나면 가끔씩 스쳐 지나가는 바람이 유난히 따뜻하게 느껴지는 날이 있다. 어떤 날 밤에는 문득 천리향 냄새가 코끝을 맴도는 것만 같다. 이럴 땐 '이제 진짜 봄이 온 건가……' 하고 계절을 잠시 착각하지만, 여기 신슈 산속에서는 4월이 되어도 새싹이 움트는 기색은 눈에 띄지 않는다. 추위가 가장 기승을 부리는 달은 2월이지만, 정작 눈이 가장 많이 내리는 달은 3월이다. 4월이 되어도 북향 그늘에는 눈이 그대로 남아 있을 정도. 그래도 가끔씩 포근한 날이 찾아오면 작업복을 꺼내 입고 들뜬 발걸음으로 비닐하우스로 간다. 드디어 새로운 농사철의 개막이다. 농사짓는 사람들에게 4월은

정월과도 같다. 여담이지만 일본에서는 신학기(그리고 회사의 새로운 분기)도 4월에 시작하는데, 이는 벼농사와 관계가 있으리란 생각이다. 가을에 파종하고 초여름에 수확하는 밀 농사를 짓는 나라의 경우 9월에 신학기를 시작하는 것이 자연스러울 거다.

### 씨앗을 둘러싼 춘계투쟁

어쨌든 4월이 다가오면 우리는 채소 씨앗 봉지를 상자에서 꺼내

4월이 다가오면 채소 씨앗을 앞에 두고 작전을 세운다.

바닥에 죽 늘어놓고 하나하나 점검을 한다. 이거다, 아니다 하며 올해는 어떤 작물을 심을지 계획을 세운다. 빌라데스트 농원이 소유하고 있는 밭은 모두 합해 약 3,500평 정도인데, 그 중 절반은 이미 포도밭과 허브 밭이다. 나머지 절반을 채소밭으로 쓸 수 있다. 채소밭에는 호박, 토마토, 피망, 고추처럼 상품 출하를 목표로 재배하는 작물들이 있다. 그런가 하면 당장 결과를 알 수 없지만 먼 미래를 내다보며, 시험 삼아 심어보는 희귀 품종의 서양 채소들도 있다. 종류도 다양하지만 연작이 안 되는 품종은 심는 자리를 바꿔가며 심어야 하는 문제 등, 미리 치밀하게 계획하지 않으면 아무리 3,000평이 넘는 땅이라 해도 다양한 작물을 심기 힘들다.

"올해는 식용 민들레를 좀 심어볼까?"

"그래요."

"그리고 한구석에 쐐기풀도 좀 심어볼까? 가시가 있어서 좀 따갑기는 하지만……"

"그건 안 돼요. 확 퍼져버리면 귀찮아서 어떡하려고 그래요."

"그래도 갈아서 소스로 만들면 맛있잖아."

"난, 콜라비양배추의 한 종류를 심었으면 하는데요."

"그건 길러봤자 별로 안 먹잖아."

여간해서는 의견일치가 안 된다.

"세이지도 괜찮을 것 같지 않아요?"

"난, 양귀비 종류를 좀 더 늘리고 싶은데."

채소 외에 관상용 꽃도 심어야 하니, 이런 경우엔 채소밭이나 허브 밭을 침범하게 된다. 어쨌든 먹고 싶은 채소와 그림으로 그리고 싶은 꽃을 심자는 나의 주장에 맞서, 아내는 아내대로 자기 취향에 맞는 식물의 재배 면적을 조금이라도 더 확보하겠다고 안간힘이다. 1헥타르 3,000평 정도라고 하면 일본 농가가 소유하고 있는 농지의 평균 넓이인데, 이보다 좁았다가는 영역 분쟁으로 싸움이 날지도 모르고, 이보다 넓으면 하고 싶은 것 다 하다가 과로로 쓰러질 것이다. 지금도 벌써 우리 손으로 다 하기에는 벅찬 넓이다. 다행히도 영

관상용 꽃씨들과 이탈리아에서 사온 특이한 서양 채소 씨앗들이 펼쳐져 있다.

역 분쟁은 "어쨌든 더 이상 뭘 늘리는 것은 무리"라고 하면서, 누가 먼저랄 것도 없이 적정한 선에서 포기하는 것으로 조용히 마무리되었다.

## 아내는 핀셋으로 씨앗 심기의 달인

응달에는 아직도 아침이슬이 얼어붙은 채 남아 있는 날에도 햇살만 좋으면 비닐하우스 안은 따끈따끈하다. 아내는 점심식사 후 비닐하우스에 들어가 나올 기미를 보이지 않는다. 아내는 봄이 되면 거기서 지내는 게 제일 마음 편한 모양이다. 쓰다 만 원고를 덮어놓고 어떻게 하고 있나 보러 갔더니, 그녀는 조그만 라디오로 음악을 들으며(낡아서 거의 망가진 포켓용 라디오를 '작업용 라디오'라고 부르며 애지중지한다) 허브를 옮겨 심고 있는 중이었다.

5월이 되면 비닐하우스 안은 밭으로 옮겨지기를 기다리는 모종들로 가득 차겠지만, 아직까지는 썰렁하다. 본격적으로 모종을 옮겨 심을 시기가 아직 멀었음을 말해주는 썰렁함 속에서도 작년부터 키워온 라벤더, 로즈메리, 타임 모종은 꾸준히 자라고 있다. 조그만 모판에서 길러 뿌리가 충분히 내리면 조금 더 큰 판으로 옮겨 심는다. 그러면 뿌리가 잘 내려서 튼튼하게 자란다.

허브같이 씨가 자디잔 식물은 엄지손가락 굵기의 구멍이 무수

히 뚫린 육모 상자에 흙을 채우고 핀셋으로 씨를 조심스럽게 집어 하나씩 심어야 한다. 구경하는 것만으로도 하품이 나올 정도로 지루해 보이는 일인데, 아내는 조금도 귀찮아하거나 지루해하지 않고 도리어 아주 즐거운 표정으로 일을 한다. 농사 경험은 얼마 되지 않지만 아내는 자디잔 씨앗을 다루는 일에는 타의 추종을 불허한다. 그도 그럴 것이, 아내는 잡지 레이아웃을 담당하던 그래픽 디자이너이다. 바늘 끄트머리만한 사식 문자를 오려내 핀셋으로 집어 붙이는 작업을 하던 사람이라 그런지 손끝이 아주 야물다. 아무리 조그맣다 해도 그까짓 씨앗 다루는 것쯤은 아내에게는 일도 아니다! 가끔 이웃 농가의 남자가 와서 그런 모습을 보고는 "히야, 어쩜 저렇게 꼼꼼하게 일을 할까……" 하며 감탄한다. 전혀 연관성이 없는 직업에서 얻은 기술과 습관이 엉뚱한 데서 실력을 발휘하니 참 재미있다.

조그만 구멍에 심은 깨알 같은 씨앗에서 앙증맞은 싹이 나오고 가느다란 뿌리가 내리면, 이번에는 그것을 조금 더 큰 판에 옮겨 심는다. 어떤 것은 세 번, 네 번 그런 과정을 거친다. 한 번에 옮겨 심는 숫자가 수십 개에서 수백 개에 이르기도 한다. 성질 급한 나는 죽었다 깨어나도 못할 일인지라 이때만큼은 저절로 아내를 존경하게 된다.

## 봄맞이 음식으로는 만두가 제격

저녁때가 되고, 둘 다 자신의 일이 일단락되었을 때, 우리는 만두를 만들기로 했다. 중국에서는 만두를 새봄맞이 음식으로 먹었다고 한다. 우리도 농사철이 시작되는 시기에 먹는 음식으로는 만두

아내는 만두피 밀기도 선수다. 만두피의 끝을 꽉 비트는 것이 아내의 스타일. (245페이지 레시피 참조)

가 제격이라고 생각한다. 그나마 아직 여유가 있을 때 한꺼번에 많이 만들어서 냉동해두면, 갑자기 찾아온 손님을 대접할 때 아주 좋다.

    농사 시즌이 시작된다는 것은 곧 손님맞이 시즌이 시작된다는 것과 같은 말이다. 겨울에는 우리가 먼저 불러도 춥다는 둥 바쁘다는 둥의 핑계만 대고 좀처럼 오려하지 않던 사람들이 날씨가 풀리고 나면 '잠깐 근처에 볼일이 있어서' 등등의 이유를 대고 갑자기 쳐들어오기 일쑤다. 채소가 풍성하게 나오는 여름이라면 그걸로 요리해 대접하면 그만이지만, 6월이 될 때까지는 그것도 여의치 않으니 손님 접대를 위한 비상 음식을 늘 준비해놓지 않으면 곤란하다. 만두소는 내가, 만두피는 아내가 만든다. 돼지고기, 배추, 파, 마른새우,

표고버섯 등을 다져서 한데 섞은 다음, 각종 조미료와 향신료로 맛을 내는 것은 매끼마다 요리를 담당하는 내 영역의 일이고, 만두피를 반죽하고 동그랗게 밀어서 얌전하게 빚는 것은 디자이너인 아내의 몫이다. 농사일뿐만 아니라 무슨 일이든지 서로 자신의 장기 분야를 담당하여 능률적으로 분업을 한다는 것이 우리 집의 방침이다. 우리 집 만두는 정말 맛있다. 특히 만두피가 최고다(일단, 아내 칭찬을 한 번 해두고). 금방 만들었을 때는 물만두로, 나머지는 군만두로. 둘다 너무 맛있어서 과식을 하게 돼서 탈이다. 라유도 뜨겁게 달군 참기름에 고춧가루를 넣어서 집에서 직접 만들어 먹고 있다.

## 봄이 오면 먼 곳에서 친구도 오네~

집을 지으면서 두 개의 손님방도 만들었다. 하나는 별채에 조그만 목욕탕이 달린 트윈 룸으로 만들었다. 다다미 여섯 장 정도의 넓이에 스페인 양귀비 열매를 모티프로 한 문양의 벽지로 독특한 분위기를 살렸다. 유럽 시골 여관의 작은 방을 떠올리고 만들었다. 그런데 이 방을 제일 먼저 사용한 손님은 다름 아닌 우리다. 1991년 8월 8일, 공사 일정이 엄청나게 뒤로 밀려버린 탓에 우리는 예정된 날짜에 방 하나 없는 공사현장으로 이사를 와야만 했다. 할 수 없이 현장 기술자들에게 아무 데라도 좋으니 일단 한 군데라도 잠 잘 자

본채에 있는 손님방. 너무 편안하고 쾌적해 아침이 되어도 손님이 일어날 줄 모른다.

리를 마련해달라고 재촉했다.

그래서 이사하기 전날 밤 부랴부랴 벽지와 바닥을 임시로 바르고 깔고 이 방에 침대 하나를 놓았다. 그리고 본채 침실이 완성될 때까지 3개월 정도를 그 다다미 여섯 장짜리 방 한 칸에서 살았다. 인테리어 업자에게 빌린 얇은 카펫을 바닥에 깔고, 있는 천을 죄다 모아 못으로 대충 고정시켜 커튼처럼 사용하며 지냈다. 물론 지금은 말끔하게 인테리어 공사를 해서 아늑한 공간이 되었다.

또 하나의 손님방은 본채 2층에 있는 싱글 룸인데, 여기는 온화하고 밝은 분위기로 꾸몄다. 지금은 벽 아래쪽 나무 색깔이 마음에 안 들어 가까운 시일 내에 다시 칠을 하든지, 천을 붙이든지 할 생각이다. 침대도 싸구려 나무로 만든 물건이라, 여유가 생기면 좋은 것으로 바꾸고 싶다. 내방객이 찾아오는 시즌에는 이 두 개의 손님

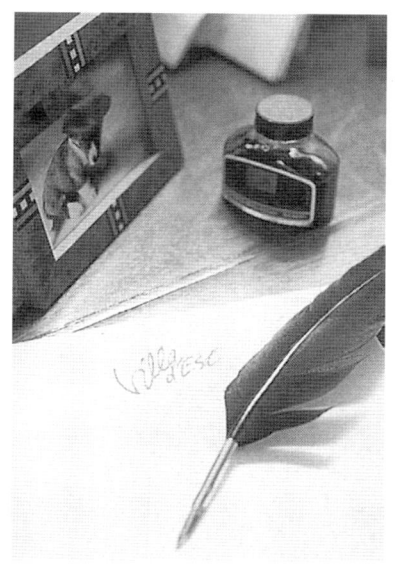

1. 자기도 모르게 편지라도 쓰고 싶어지는 평온한 시간이 흘러간다.
2. 본채 2층에 있는 손님방 화장실. 느긋하고 여유 있는 공간이다.

방을 늘 깨끗하게 준비해두지 않으면 안 된다. 이 역시 본격적인 봄을 맞이하기 위한 준비 가운데 하나다.

    이런 저런 궁리를 하는 동안 눈 깜짝할 사이에 하루가 지나간다. 밤에는 항상 '오늘도 계획했던 일의 반도 못 마쳤구나……' 하고 반성하지만, 그런 날도 열 번쯤 계속되다 보면 열흘 치의 성과는 남을 것이다. 모르는 사이에 싹이 난 풀이 열흘 후면 열흘 치만큼 성장해 있는 것처럼.

# 5월

햇볕은 벌써 초여름처럼 따갑다.
드디어 농번기가 시작되는 달이다.
밭두둑에 비닐 멀칭하기, 모종하기, 물주기…….
지금부터 늦가을까지는 먹고, 일하고, 자는…….
너무나 단순한 그러나 더없이 충실한 행복한 생활이 이어진다.

# 퍽! 하고 박히는 괭이 날, 툭! 하고 떨어지는 땀방울

괭이를 높이 들어 올려 지면을 향해 내리꽂는다. 퍽 하고 괭이 날이 흙에 부딪히는 감각이 어깨로 전해오면 상반신 근육이 팽팽하게 긴장한다. 오랜만의 밭일. 30분 정도 계속 하니 이마에서 굵은 땀방울이 솟는다. 겨우내 쉬고 있던 땅을 우선 트랙터로 갈아엎은 다음, 파종 계획에 맞추어 밭두둑을 만든다. 두둑은 소형 경운기를 사용해 만들지만 마무리는 손으로 직접 해야 한다. 점토질인 데다 흙이 고르지 않은 밭이라서 의도한 대로 두둑을 만들기 위해서는 세심한 주의가 필요하다.

## 비닐 멀칭이 도대체 뭐지?

두둑 만들기가 끝나면 거기에 비닐을 씌운다. 이 작업을 비닐 멀칭이라 하고, 이 비닐을 멀칭 비닐이라 부른다. 이 농업용 비닐 시트는 검은색, 흰색, 그물 모양 등으로 다양하다. 이 비닐로 두둑 전체를 완전히 뒤집어씌운 다음에 적당한 간격으로 비닐에 구멍을 뚫고 그 구멍에 모종을 심는다. 이렇게 하면 비닐로 덮인 지면은 온도가 올라가고 습도도 유지되며, 게다가 잡초도 자라지 못하니 일손을 많이 덜 수 있다.

트랙터로 갈아놓은 밭에 고랑을 만들고 비닐 멀칭을 준비 중이다. 비닐 멀칭이 뭔지도 몰랐던 내가 수많은 시행착오 끝에 지금은 자칭 타칭 비닐 멀칭의 달인이 되었다. 이제 멀칭 작업을 마친 비닐에 구멍을 뚫고 이 날을 위해 비닐하우스에서 소중하게 길러 온 모종을 심으면 된다.

왜 이 비닐을 멀칭 비닐이라고 하는지, 농사짓는 사람들에게 물어봐도 아무도 시원한 대답을 해주지 않았지만, 나는 Multi-Purpose 혹은 Multi-Function에서 나온 이름인 것 같다고 막연히 생각했다 ('Mulch'는 뿌리 덮개 혹은 뿌리를 덮는다는 뜻이다 – 편집부).

2년 전 봄, 처음으로 토마토 모종을 심을 때만 해도, 우리는 둘 다 이 멀칭 비닐이 무슨 물건인지조차 몰랐다. 농협 직원이 토마토 모종 500주를 가져다주면서 "비닐 멀칭을 하고 깊이 심으세요."라는 수수께끼 같은 말을 남기고 돌아갔다. 그게 무슨 소리인지 전혀 알 수가 없던 나는 허둥지둥 근처 농가로 물어보러 갔다. 그때 두둑 위에 비닐 씌우는 방법에서부터, 비닐 끝은 흙으로 단단히 눌러놓아야 한다는 것까지 기초부터 하나하나 배웠다. 지금은 비닐 멀칭만큼은 나를 쫓아올 사람이 없을 정도의 경지에 이르렀다고 자부한다.

보통은 둘이서 하는 작업이지만 나는 혼자서 발로 비닐을 펴가며 손에 든 괭이로 흙을 덮어가는 방법도 개발(?)했다. 당연히 작업 능률도 상당히 좋아졌다. 내가 밭두둑을 만들고 거기에 비닐을 씌우는 동안 아내는 모종들을 돌본다.

## 보호할 것인가, 내보낼 것인가

비닐하우스에서는 잘 자란 채소, 허브 모종이 밭으로 옮겨지기를 목 빼고 기다리고 있다. 한 달도 훨씬 전에 작은 모판에 심은 씨앗이 싹이 나고 잎이 자라는 동안 벌써 몇 번이나 옮겨지며 이제는 어엿한 모종의 모습이 되었다. 바깥에 내다 심기에는 아직 연약해 보이는 것들도 있지만 개중에 성질 급한 녀석들은 벌써 꽃망울을 달고 서 있다.

그러나 여기 같은 산중에서는 5월 중순이 지나기 전까지는 서리가 내릴 위험이 남아 있다. 4월에 들어서면서부터 바깥 햇빛을 보여주고 싶은 마음이 굴뚝같았지만, 그야말로 온실 속에서 자라 풍파를 겪은 적이 없는 모종은 단 한 번이라도 서리를 맞는 날에는 두번 다시 일어나지 못하기 때문에 섣불리 햇빛 나들이를 시킬 수 없다. 서리에 타죽는다는 말은 참으로 절묘한 표현이다. 얼어붙은 잎들이 마치 재를 뒤집어쓴 듯이 까맣게 타들어가 죽고 마니 말이다. 그래서 모종의 성장 상태를 주의 깊게 관찰하면서 아침저녁으로 기온 변화를 잘 살펴서 밭으로 내어다 심을 모종의 종류와 수량, 순서 등을 신중하게 선택해야 한다.

비닐하우스 안은 초록색 모종이 넘실대고, 낮 시간의 햇볕은 초여름을 연상시킬 정도로 따끈따끈하지만, 언제 또 들이닥칠지 모르는 서리의 공포 때문에 좀처럼 결단이 어려운 5월 초순, 한랭지의 농가로서는 가장 '애달픈(이 지역 사람들은 이 말을 아주 정확하게, 또 미묘한 뉘앙스를 잘 살려서 사용한다)' 시기인 것 같다.

'TOAST'라는 글씨로 디자인한 토스트 꽂이.
토스트가 눅눅해지지 않아 좋다.

　도저히 감질나서 못 기다리겠다 싶으면 그래도 서리에 어느 정도 견딜 수 있는 채소부터 조금씩 옮겨심기를 시작한다. 제1진이 쓰러지면 다시 제2진이 진출……. 비닐 위에 구멍을 뚫고 모종삽으로 흙을 파고 모판에서 꺼낸 모종의 뿌리를 흙에 묻는다. 그리고 물을 듬뿍 주고 뿌리 부분의 흙을 가볍게 눌러주면 작업은 끝난다. 바깥 공기를 마음껏 들이마시고 마음대로 뿌리를 뻗어 나갈 수 있다고 기뻐하는 식물들이 부르는 환희의 송가가 들려오는 듯하다.

일요일에는 프렌치토스트가 식탁에 오르기도 한다.

### 빵과 커피, 홍차면 충분한 아침식사

태양이 힘차게 빛을 내뿜으며 동쪽 숲에서 떠오르는 시간이 빨라지면 우리의 기상 시간도 조금씩 당겨진다. 개 세 마리 가운데 집안에서 기르는 바오밥이 6시 반이 되면 침대로 다가와 얼굴을 핥는 바람에 어쩔 수 없이 눈을 뜰 때도 있지만, 겨울에는 그 시간에 일어나면 하루 종일 졸린다. 그러나 5월이 되면 개는 물론이거니와 사람도 6시만 되면 눈이 반짝 떠지고, 밤에는 일찍 잠자리에 드는 리듬으로 바뀐다.

아침은 빵과 커피. 이미 20년 넘게 이어진 습관이다. 프랑스 유학 때 그런 습관이 붙었느냐고 묻는 사람들이 더러 있는데, 생각해보니 그런 듯도 하다. 젊어서는 늘 점심때가 돼서야 일어나니 식욕이 별로 없었다. 정신 차리기 위해 진한 커피부터 한 잔 마시곤 했는데, 그러면서 옆에 있는 빵 한 조각을 집어먹다 보니 그게 자연스럽게 첫 끼니가 되었다.

손님이 있으면 달걀 요리를 할 때도 있지만, 평소에는 토스트와 마멀레이드나 잼이면 충분하다. 잼 종류는 모두 직접 만들지만 빵은 아직 사다 먹는다. 그래도 빵

아침은 빵과 커피. 이미 20년 넘게 이어진 습관이다.
손님이 있으면 달걀 요리를 할 때도 있지만,
평소에는 토스트와 마멀레이드나 잼이면 충분하다. 잼 종류는
모두 직접 만들지만 빵은 아직 사다 먹는다.

종류는 가끔씩 바꾸어준다. 머편에 빠져서 그것만 먹을 때도 있고, 베이글만 줄곧 먹기도 한다. 가끔은 빵 말고 뮈즐리Muesli 곡물류와 견과류, 말린 과일을 고루 섞어 구워 만든 건강식나 오트밀과 바람이 날 때도 있다. 요즘은 플레인 토스트 외에도 시나몬 토스트나 치즈 토스트, 일요일에는 프렌치 토스트, 팬케이크를 굽기도 한다. 어쨌든 우리 집에서는 아침식사에 다른 요리나 샐러드 등은 곁들이지 않는다.

아내는 커피 대신 홍차를 마신다. 신문을 읽으면서 간단한 아침식사를 한다. 아침에 일찍 일어나면 하루가 굉장히 길다. 아침식사를 마치고는 서재에서 잠깐 일을 한다. 머리가 맑은 아침에는 글이 술술 써진다. 무슨 내용을 쓸 것인지는 잠에서 깨자마자 나가는 개와의 산책에서 생각해둔다. 날씨가 좋으면 작업화를 신고 밖으로 나간다.

## 울퉁불퉁, 농사꾼의 몸이 되다

5월은 밭두둑에 비닐 멀칭, 모종, 물주기 등으로 대부분의 시간을 보낸다. 땅이 점토질이라 마르면 딱딱하고 비가 오면 진창이 되어버리는 통에 일하기 좋은 날은 아주 적다. 그리고 비닐 멀칭은 흙이 마르기 전에 해두어야 하고, 날씨에 따라서 그때그때 처리하지 않으면 안 되는 일이 많은지라, 언제나 밭일이 최우선이 된다. 일하기 딱 좋은 날씨가 주어진 날에 다른 일 때문에 시내에라도 나가게 되면 정말 누가 뒤통수를 잡아당기는 것처럼 불안하다.

    5월 하순에 접어들면 비닐하우스에 남아 있던 모종들을 하루라도 빨리 밭으로 옮겨 심어야 한다. 그럴 때는 비가 내려도 비를 맞으면서 일을 한다. 이제부터가 눈 돌아가게 바쁜 농번기의 시작이다. 그러나 이렇게 바깥에서 몸을 움직이며 흙을 만지는 일은 얼마나 상쾌한지 모른다. 오랜만에 몸을 움직였더니 여기저기가 쑤시지만 2년 동안의 노동으로 내 몸 여기저기에 근육이 상당히 붙었다. 예전에 심심풀이로 다니던 피트니스 클럽에서는 좀처럼 근육이 붙지 않던 팔뚝도 굵직해지고 어깨도 떡 벌어진 느낌이다. 덕분에 초기의 '괭이 엘보(테니스 엘보와 마찬가지로 괭이를 휘두르면 팔꿈치가 아팠다)'도 없어지고, 등줄기 통증도 어느 틈엔가 사라졌다. 그 대신 일찍이 피아니스트의 손이라는 소리를 들었던, 가늘고 아름다웠던 나의 섬섬옥수(?)는 울퉁불퉁하고 뭉툭해져 명실상부한 농사꾼의 손이 되어버렸다. 아내는 전에 끼던 반지가 하나도 안 들어간다고 한숨이다. 그러나 이 세상의 그 어떤 것이 흙과 거기서 자라나는 식물만큼 매력적이고 아름다울까. 여기저기 쑤시는 몸을 두드리고 문지르며, 매일 흙강아지처럼 살아야 할 계절이 또다시 찾아온 것을 몸이 먼저 기뻐하고 있는 것 같다.

## 와인 한 잔 마실 새도 없이 곯아떨어진다

농번기에 "하루 중 언제가 가장 행복해?"라는 질문을 아내에게 던진다면 틀림없이 "밤에 침대에 누워서 잠이 들기까지의 시간"이라는 대답이 돌아올 것이다. 아내는 침대 위에서 짧은 일기를 쓰고, 레드 와인을 한 잔 마시는데, 잔을 내려놓기가 무섭게 그대로 곯아떨어져 버린다. 완전히 녹초가 되었다는 증거다. 겨울에는 가끔씩 기억하는 꿈도 여름이 되면 전혀 기억나지 않을 만큼 정신없이 잔다. 잠깐 잠이 들었다가 금방 눈을 뜬 것 같은데 주위를 둘러보면 벌써 아침이 찾아와 있으니, 누군가에게 밤을 도둑맞은 기분이다.

침실은 2층의 남동쪽에 위치하고 있다. 가루이자와에서 살 때

2층의 침실.

는 방이 완전히 어둡지 않으면 잠을 못 잤다. 그래서 여기에 침실을 만들면서 두꺼운 차광 커튼을 달았는데 지금은 그런 것들이 거의 무용지물이다. 겨울이고 여름이고 날이 밝으면 저절로 눈을 뜨는 생활이 되었기 때문이다. 침실에는 조그만 욕실이 딸려 있다. 화장실과 목욕탕은 멀리 가지 않고 해결하는 게 편리하다. 텔레비전은 침

대에 누웠을 때 정면에 오는 위치에 두었다. 드레스 룸도 있지만 거기는 언제나 지저분하고 복잡해서 남에게는 못 보여준다.

앞으로 가을까지는 비가 오지 않는 한 하루 대부분의 시간을 밭과 주방, 침실, 이 세 군데에서 보내게 된다. 먹고 노동하고 잔다. 그런 단순함이 반복되는 생활. 지금은 다른 일이나 인간관계 등에서 약간의 불순물이 섞여 있지만, 우리의 이상은 생활 전체를 가능한 한 단순하게 만드는 것이다.

# 6월

라벤더, 세이지, 민트, 캐모마일, 타임…….
불어오는 바람에 때때로 실려 오는 허브 향기를 맡으며 꽃을 따고
허브티를 만들며, 정신없이 하루가 지나간다.
잠드는 순간까지 허브 향기에 취하는 계절이다.

# 직접 재배한 허브라서
# 더 향긋한 티타임

"3그램 더 넣어주세요."

"모자라?"

"아이쿠, 그 이상은 안 들어가요."

민트, 캐모마일, 레몬밤…… 말린 허브를 혼합해서 조그만 투명 비닐봉지에 담고 무게를 단다. 둘이 책상에 붙어 앉아서 하는 공동 작업이다. 여기에 직접 디자인한 실seal과 태그tag를 붙이면 완성! 빌라데스트 브랜드의 허브티를 출시 준비 중이다.

### 허브에 푹 빠진 아내

가루이자와에 살던 무렵에도 지인들에게 허브 모종을 선물 받은 적이 있었지만 그냥 집 주변에 심어두고 자라는 대로 내버려두었다. 땅이 습해서 그런지 민트 종류는 특히 잘 자라서 야생화처럼 집 주변에 잔뜩 우거져 있었다. 그러나 그때는 아주 가끔씩 요리에 넣는 정도 이상의 관심을 갖지 않았다. 아내가 본격적으로 허브 재배에 열정을 가지게 된 것은 8년 전쯤, 미요타마치에 있는 무라타 유

허브 재배에는 전문지식이 필요하고, 기르는 데도 손이 많이 간다. 그러나 포푸리로, 차로, 음식의 향신료로, 쓰임새 역시 아주 많아서 키울 맛이 난다. 방금 딴 민트나 캐모마일에 뜨거운 물을 부어 허브티 한잔을 마시면, 지금까지의 고생을 다 잊게 될 만큼 허브 향은 매혹적이다.

리 씨의 농원에 다니기 시작하면서부터. 아내는 거기서 농사와 원예의 기초를 배웠다. 가루이자와에서 잘 살던 우리가 갑자기 농사지을 땅을 찾아 나서게 된 것도, 따지고 보면 아내의 허브 열정이 가장 큰 동기가 된 셈이다. 아내는 자기 밭에서 허브들을 길러보고 싶어 했다.

지금은 약 800평의 밭에서 자라는 허브가 수십 종이다. 아니, 민트만 해도 스피어민트, 페퍼민트, 오드콜로뉴 민트…… 이렇게 종류가 많다. 타임도 그렇다. 허브가든의 입구만 잠시 살펴보아도 몇 종류는 금방 셀 수 있다. 그런 식으로 헤아린다면 허브 종류는 100종도 훨씬 넘을 것이다. 그러나 종류가 많다는 것을 자랑하려는 것은 아니다.

아내는 이 땅에 잘 맞는 허브를 찾기 위해 여러 종류의 허브를

거실에서 바라본 식당의 모습.

시험적으로 심었지만 향기나 색깔이 마음에 안 드는 것은 굳이 기르고 싶어 하지 않아서, 오히려 종류를 줄여가려는 중이다. 아내는 유럽에서 구해온 씨로 직접 싹을 내는데 그중에서도 라벤더 같은 것은 싹 틔우기가 보통 어렵지 않은가 보다. 때로는 씨를 심은 흙을 몇 주일씩 냉장고에 넣어둔다(그렇게라도 '가짜 추운 겨울'을 체험시켜주지 않으면 싹을 틔우지 않는다).

　　허브를 기르는 일은 이처럼 손도 많이 가고 전문지식도 필요한 일이다. 그런데 자신의 손끝에서 무사히 싹을 틔우고 잘 자라는 허브를 보는 것이 아내의 보람인 모양이다. 무얼 좀 먹으려고 냉장고를 열면 모판만 가득 들어있을 때는 곤란하지만 말이다.

다행히 이곳 도부마치는 일본 내에서도 특히 비가 많이 내리지 않는 지역으로, 850미터의 높은 해발 때문에 일교차가 심해 향이 강하고 꽃 색깔이 선명한 허브를 길러낸다. 우리 집에서 만든 허브티는 맛있기로 유명해서(허락도 안 받고 마음대로 선전을 해서 죄송!) 가루이자와 도쿄의 아는 사람들 가게에 보내면 금세 매진된다. 그래서 추가 주문 전화가 오면 나도 허브티 포장 부업에 동원된다.

라벤더는 예쁘게 말려서 꽃다발로, 혹은 꽃봉오리만 봉지에 담아 향주머니로, 탠지Tansy 포푸리는 서랍에 넣어 벌레 퇴치용으로, 향기가 강한 오드콜로뉴 민트는 다른 허브와 섞어서 쿠션으로 만든다. 이것을 베개 아래 놓고 자면 은은한 향이 흘러나와 기분 좋은 잠에 푹 빠진다.

## 좋아하는 향을 마음 가는 대로 블렌딩

허브 재배라고 하면 많은 사람들이 아주 로맨틱한 일로 생각하는데, 물론 그런 면도 있지만 이게 결코 만만한 일은 아니다. 여름, 캐모마일이 만개해 꽃을 딸 시기가 되면 놀러온 사람에게까지 도움을 청할 때가 있다. 그런 부탁을 하면 특히 여자 손님들은 무척이나 기뻐하며 다들 손에 앙증맞은 바구니를 들고 레이스 달린 밀짚모자

(왼쪽에서부터)
환상적인 보랏빛 라벤더(1)와, 싱싱한 네모필라 잎(2), 이탈리아 요리에 많이 쓰는 허브인 오레가노의 꽃(3).

를 쓰고(적당히 홀려서 일을 시키기 위해서 이 정도 소도구는 마련해놓았다) 발걸음도 가볍게 허브가든으로 들어간다. 그러나 이게 생각처럼 쉬운 일이 아니라는 걸 알게 되는 순간이 온다. 조그만 국화처럼 생긴 꽃의 머리를 하나씩 똑똑 따는 것쯤이야 간단하지만, 아무리 따도 줄어들지 않는 고랑. 조그만 바구니를 가득 채우려면 두세 시간은 족히 걸린다. 땀은 나고 목은 마르고, 이때쯤이면 '허브 꽃을 따는 여인'이라는 낭만적 환상에 젖어 있던 여인들은 '이게 폼이 아니라 진짜 노동이구나' 깨닫게 된다. 금방 딴 싱싱한 캐모마일에 뜨거운 물을 부어 향기로운 차 한 잔을 마시면 그런 피로쯤이야 눈 녹듯 사라져버리지만, 이번에는 그 생각에 발걸음을 서두르다가 돌부리에 걸려 넘어지는 사람이 나오기 마련이다. 애써 따 모은 하얀 꽃들이 흙 범벅이 되어버리는 비참함이라니……

허브를 쓰면 평범한 요리도 특별해진다. 허브 향이 요리의 풍미를 돋우기 때문이다. 좋아하는 향의 허브를 향신료로 쓴다. 허브는 생으로도, 말려서도 쓸 수 있고, 자신이 좋아하는 향끼리 섞어 쓸 수도 있다.

어쨌든 허브 향기가 있는 생활은 정말 즐겁다. 가까이에 타임이나 오레가노, 로즈메리가 있으면 요리할 때 바로바로 쓸 수 있어 좋다. 사다 쓸 때처럼 찔끔찔끔 쓰는 게 아니라, 생선을 구울 때 뱃속에 허브 잎을 듬뿍 채운다든지, 고기를 구울 때 숯불에 허브 줄기를 사른다든지(훅하고 올라온 향이 고기의 풍미를 더해준다) 마음대로 사용할 수가 있다.

'허브 요리'는 특별히 어떤 요리를 지칭하는 것이 아니다. 허브라고 불리는 향초는 본래 지중해 지역에서 자생하는 잡초다(허브를 프랑스식으로 발음하면 '에르부Herbe'가 되는데 잡초라는 의미다). 그중에 향이 좋거

타임과 파슬리를 듬뿍 넣은 오믈렛. 감자에는 딜의 향을 더했다.

나 약효가 있을 것 같은 풀들을 요리를 비롯한 일상생활의 여러 용도에 이용해온 것이다. 그래서 프로방스 등 지중해에 인접한 지역 사람들은 옛날부터 거의 모든 요리에 향초를 사용하는 습관이 있었다.

화분에 몇 종류의 허브를 모아 심어 주방에 두고 필요할 때마다 싱싱한 잎을 따서 사용해보거나, 향이 응축된 말린 허브를 자기 취향대로 혼합해서 병이나 항아리에 담아두는 것은 허브와 가까워지는 좋은 방법이다. 빌라데스트에서는 가까운 시일 내에 몇 종류의 허브를 모아 심은 화분이나 요리용 혼합 허브를 상품으로 내놓을 생각이다. 매일 해야 하는 노동에 쫓

1. 배를 갈라 타임과 처빌을 채우고 로즈메리를 기름에 볶아 곁들인 요리. (247페이지 레시피 참조)
2. 고기를 씹으면 세이지 향이 입안 가득 퍼지는 흑돼지고기 로스트. (246페이지 레시피 참조)

겨서 아직 제품화하지는 못했다.

## 석양을 바라보며 즐기는 로즈메리 입욕

6월이 되면 몸 여기저기가 삐걱대기 시작한다. 4월부터 몸을 움직이기 시작하는데 겨울에 워낙 움직이지 않아 체중까지 늘어난 탓에 처음엔 조금만 움직여도 아프고 쑤셔서 여간해서는 민첩하게 움직여지지 않는다.

그러다 5월이 오고 갑자기 대량의 모종을 밭에 심어야 하는 때가 닥친다. 매일 괭이를 휘두르며 밭고랑을 만들고 땅 위를 기어 다니며 모종을 심는 고된 노동의 나날이 이어진다. 그렇게 6월을 맞이하면 몸 여기저기서 무리한 결과가 나타난다. 참으로 절묘하게도, 이제 '녹다운'이라는 소리가 나오기 직전에 장마가 찾아온다. 비가 오는 동안은 얼마간 휴식을 취할 수 있는 여유가 생기는데, 이 시기에 몸을 정비해놓지 않으면 바로 이어지는 한여름 노동의 피크를 견디지 못한다. 그래서 6월에는 될 수 있는 한 무리하지 않는다. 일찌감치 밭일을 마치고 아직 해가 남아 있는 동안 탕에 몸을 담근다. 석양을 바라보며 하는 입욕은 아주 각별한 즐거움이다. 우리 집에는 욕실이 세 개 있다. 좀 분에 넘치는 감은 있지만 사우나가 있는 메인 욕실 외에 별채의 손님방에도 작은 탕을 설치했고, 2층 침실에도 욕실을 만들었다.

직접 키운 허브로 만든 입욕제.

나는 메인 욕실에서 사우나를 한 다음 샤워로 마무리하는 것을 좋아하고, 아내는 석양이 보이는 침실의 작은 목욕탕에 '온천 입욕제'를 넣고 몸을 푹 담그는 것을 좋아한다. 아내가 여름에 사우나보다 입욕을 더 선호하는 이유는, 입욕제를 넣은 탕이 피로해진 근육과 거칠어진 피부에 탁월한 효과가 있기 때문이다(밭일이나 마른 허브를 만지는 일이 손을 무척 거칠게 만든다).

시판하는 입욕제보다 로즈메리 탕이 훨씬 효과적이다. 늦가을에 로즈메리 줄기를 베어다 가지를 따로 모아 두고는 조금씩 삶아서 목욕물에 붓는다. 목욕물이 초록색을 띤 갈색으로 물들면서(따라서 목욕통도 물이 든다), 진한 향이 피어오른다. 그런데 이 목욕물이 정말 놀라운 약효를 나타낸다. 거칠어진 피부가 거짓말처럼 촉촉해지고, 무엇보다 피로로 굳어진 근육이 부드럽게 풀린다. 한 번만 경험하면 아주 중독이 돼 버릴 정도로 효과가 탁월하다. 유감스러운 것은 로

커다란 창으로 바깥 전망을 즐길 수 있는 기분 좋은 욕실.

즈메리가 아직 작고 또 양이 얼마 되지 않는다는 거다. 물론 잎도
효과는 있지만 입욕제로 쓰자고 자주 벨 수는 없는 노릇이고. 아직

은은한 허브향이 감도는 파우더 룸.

다른 허브들도 사정은 마찬가지.

　라벤더는 매년 그 숫자를 늘려가고 있지만 크기는 아직 작다. 도대체 몇 년이나 지나야 이 허브들이 차밭의 차나무들처럼 빽빽하게 대열을 이룰까. 집에서 가장 가까운 밭(이사 와서 처음 일군 밭)에 무거운 돌 수백 개를 나 혼자 낑낑대며 날라서 나름대로의 디자인으로 허브가든 모양을 만들었는데(이 중노동으로 나는 꽤 다부진 근육이 붙었다), 거기에 심은 여러 허브들이 조금 더 자라 좋은 모양을 내려면 아직 몇 년은 더 기다려야 할 것 같다. 훗날의 이야기이긴 하지만 앞으로

10년, 20년 후, 집 주변과 밭, 밭두둑이 마치 잡초가 자라듯이 허브로 둘러싸여 바람이 불 때마다 은은한 허브향이 실려 오는 날을 꿈꾸고 있다.

# 색에 반하고, 향에 취하는 빌라데스트 허브가든

### 라벤더 Lavender

영국 혹은 프랑스 산 씨앗에서 싹을 틔워 기르고 있는데 발아율이 나쁜 데다 성장도 느려서 좀처럼 생각만큼 늘지 않는다. 그러나 긴 꽃대에서 피어나는 매력적인 보라색 꽃의 자태와 향기는 어디에도 비할 수 없이 뛰어나다. 프랑스어로 라벤더라는 이름은 라틴어의 '씻다 Lavare'에서 온 것이다. 고대 로마 사람들은 세탁할 때 물에 이 꽃을 넣어서 세탁물에 향기가 스며들게 하는 습관이 있었기 때문이라고 한다. 이탈리아의 세탁소 간판은 '라벤더리아 Lavendaria'다. 원산지는 지중해 중서부 해안 일대. 원산지의 석회암질 토양처럼 만들어 주기 위해 빌라데스트에서는 굴 껍질을 흙에 섞었다.

### 세이지 Sage

학명은 샐비어 오피시널리스 Salvia Officinalis. 어원인 라틴어 Salvere에는 치료와 살림이라는 뜻이 있으며, 정화와 방부, 항균, 살균, 항염

세이지에 둘러싸인 빌라데스트.

등의 여러 약효가 있다고 알려져 있다. 돼지고기 요리에 잘 어울리며 소시지를 만들 때 절대 빠뜨릴 수 없는 향신료다. 빌라데스트에서는 꽃이 탐스러운 클라리 세이지Clary Sage를 비롯한 여러 품종의 세이지를 재배하고 있다.

### 민트 Mint

스피어민트, 페퍼민트, 그 밖에 향이 다른 다수의 민트가 있다. 이 민트에 캐모마일, 레몬밤을 중심으로 혼합한 것이 빌라데스트 허브티의 기본 레시피다. 물을 좋아하는 민트는 비가 적게 내린 해에

는 잎이 크지 않고 단단해져 버린다.

### 타임Thyme

타임 또한 한 손으로는 다 못 셀 정도로 많은 품종이 자라고 있다. 처음에는 미요타 농원에서 포기를 나누어 온 것인데 한 주먹 정도의 포기를 심고 3년 정도가 지나니 그게 농구공만큼 커졌다. 번식력도 강하고 가뭄에도 잘 견뎌서 밭두둑이나 정원 가장자리에 조금씩 옮겨 심고 있다.

### 오레가노Oregano

그리스어로 '산의'란 뜻의 오로스Oros와 기쁨과 '훌륭함'이라는 뜻의 가노스Ganos가 합친 말이다. 지중해 연안 바위산에 피는 아름다운 꽃과 은은한 향기가 이름의 유래. 초가을 아침저녁으로 선선

(왼쪽 페이지 왼쪽부터 차례로)
1. 육류와 어패류의 잡냄새를 없애주는 데 탁월한 타임.
2. 달콤한 여름 향기가 물씬 나는 바질.
3. 토마토와 찰떡궁합을 자랑하는 오레가노.
4. 요리나 디저트의 장식으로 써도 좋은 민트.
5. 키우기는 까다롭지만 보랏빛 꽃이 아름다운 라벤더.
6. 강한 쓴맛이 일품인 압신티움.

할 무렵에 아름다운 색의 꽃이 핀다. 이탈리아 요리, 프랑스 요리 등에는 빠지지 않고 들어가는 허브의 하나. 별명은 와일드 마조람Wild Marjoram.

### 바질 Basil

이탈리아 명칭으로 바질리코Basilico. 대부분의 허브 원산지가 지중해 지역인 데 반해, 바질의 원산지는 남아시아로 알려져 있다. 여름

햇살이 가장 뜨거운 시기에 왕성하게 자란다. 우리에게는 이탈리아 요리에 사용하는 진한 초록색 바질이 친숙하지만, 보라색 이파리를 가진 품종도 있다. 보라색은 잎이 약간 쪼글쪼글한 것이, 역시 시소<sub>일본에서 많이 먹는 채소로 깻잎과 비슷하다</sub>와 비슷한 품종이라는 것을 말해준다. 양쪽이 반씩 섞인 것처럼 초록색과 붉은 보라색 반점이 있는 잎이 생길 때도 있다. 늦여름에 전부 따서 올리브오일, 파르미자노 레자노 치즈<sub>흔히 파마산 치즈라고 부르는 것의 정식 명칭</sub>, 호두나 잣 등의 견과류와 함께 믹서로 갈아 바질 페스토 소스를 만든다. 올리브오일을 듬뿍 넣어두면 장기 보존도 가능하고, 파스타, 육류, 생선 요리의 소스로 아주 요긴하게 사용할 수 있다.

### 압신티움 Absintium

일본어로는 향쑥. 엷은 노란색의 조그만 꽃이 달려 있다. 가늘고 긴 회백색 줄기가 인상적이다. 옛날에 프로방스 지방에서 만든, 이 향쑥 엑기스가 들어간 압생트라는 독주가 전국적으로 유행한 적이 있었는데 중독성이 있다는 이유로 금지되었다. 보드카를 마실 때 향쑥 잎을 술잔에 떨어뜨리면 쓴 맛이 우러나와 약간 '금단의 맛'이 난다.

빌라데스트 허브가든에 있는 몇 가지 허브에 대해 써보았다. 아

말린 허브는 쓰임새가 더 많다.

주 흔한 것도 있고, 좀처럼 보기 힘든 것도 있다. 어쨌든 아직 다 세어보지 못했을 정도로 다양한 허브가 자라고 있다. 언젠가는 빌라 데스트에서 재배한 허브만으로, 제대로 된 허브 도감을 만들 생각이다. 최근 여러 지방자치 단체들에서 허브 심는 것이 유행하고 있다. 허브 제품으로 지역 활성화를 꾀하고자 하는 곳도 있다. 우리가 사는 도부마치에서도 공원에 허브를 심는 운동을 적극적으로 추진하고 있다. 우리도 모종을 공급하는 등, 가능한 한 협조를 아끼지 않고 있다. 시원하게 펼쳐진 전망도 프로방스 지방과 흡사하니 산책하는 도중 어디선가 허브의 향기가 실려 오는 마을이 된다면 얼마나 멋질까 상상해본다.

# 7월

7월이 되면 새벽 5시 전에 저절로 눈이 떠진다.
우선 개 세 마리를 데리고 숲을 산책한다.
그리고 바로 달려가는 곳이 호박 밭이다.
호박은 잠시 눈을 떼는 순간 금세 자라버린다.
허둥지둥 수확에 쫓기는 시즌의 시작이다.

# 채소는 매일 자라고,
# 우리는 매일 거둔다

    7월이 되면 대개 새벽 5시가 조금 못 되는 시간에 눈이 떠진다. 겨울에는 6시 반이 되면 실내에서 기르는 바오밥이 얼굴을 핥는 바람에 할 수 없이 일어난다. 그런데 인간보다 훨씬 더 정확한 개의 신체 시계는 일출 시간이 일러짐에 따라 정확하게 시차를 조정하는 모양인지, 4월 중순이 되면 바오밥의 모닝콜은 5시 반으로 당겨진다. 5월이 되면 바오밥도 바깥에서 재우지만 그때는 이미 우리 신체도 조건 반사적으로 변하는 모양이다. 개가 있든 없든 해가 떠오르면 잠시 후에 저절로 눈이 번쩍 떠지니 말이다. 하지 전후에는 기상 시간이 4시대로 일러지는 바람에 베갯머리의 시계를 보고 깜짝 놀라 다

시 눈을 감을 때도 있다. '이건 너무 이르잖아. 그래도 다섯 시가 될 때까지는 자야지……' 그러나 양배추나 양상추 등의 잎채소를 재배하는 농가에서는 4시라면 이미 아침 수확을 위해 밭에 나가 있을 시간이다. 도시에서는 밤늦도록 돌아다니던 일당들이 막 집으로 발걸음을 돌릴 시간에 하루 일과를 시작하는 사람들도 있는 것이다.

나 역시 도쿄에서 살 때는 새벽 2시 전에 잠자리에 든 적이 없던 사람이니, 약 4시간의 시차가 나는 곳에 사는 셈이다. 문득 내가 상당히 멀리 떠나왔다는 기분이 든다.

### 호박, 급한 데다 섬세하다

여름에는 눈 떠서 제일 먼저 하는 일이 호박 밭을 돌아보는 일이다. 빌라데스트 농원의 많은 일은 나와 아내, 농사철에만 도와주러 오는 동네 할아버지가 나누어서 하고 있는데, 어쩌다보니 호박 밭이 내 차지가 되었다. 아침에 눈을 뜨면 우선 개를 산책시키고 바로 조그만 칼과 바구니를 챙겨 들고 호박 밭으로 향한다. 그런데 이 호박이라는 녀석, 보통 촐랑이가 아니다. 4월에 비닐하우스에 씨를 심어 싹을 틔운 호박은 싹도 빨리 트지만 어찌나 빨리 자라는지, 바깥 날씨가 쌀쌀해서 모종을 낼 수도 없는 시기에 벌써 이파리들이 죽죽 나와 너울거린다. 이 지역은 5월 중순까지도 늦서리가 내릴 염려가 있는지라 밭으로 모종을 옮겨 심을 적절한 타이밍을 잡기가 여간 어려운 것이 아니다. 그러니 바깥 기온에 맞추어 조금씩 자라주면 가장 적절한 시기를 봐서 오죽 잘 옮겨 심어 줄까마는, 이 호박이란 녀석은 그런 것은 아랑곳없이 쑥쑥 커서 아직 바깥에는 서리가 내리는데 거의 다 자란 모양을 하고 서 있다. 성질 급한 녀석은 4월 말부터 벌써 꽃까지 떡 하니 매달고 있기도 한다. 정말 무슨 생각을 하고 사는 건지……. 주변 상황을 어느 정도는 좀 파악해야지. 틀림없이 아무 생각도 없는 녀석이다.

이른 아침에 한 차례 호박을 딴다. 따끔따끔한 거친 털이 달린 커다란 잎을 옆으로 젖히며 뿌리 부분에서부터 뻗어난 줄기에 달린 호박을 찾는다. 알맞게 자란 호박을 발견하면 그 잎은 작은 칼로 싹둑 자르고 조심스럽게 호박을 딴다. 촐랑이 주제에 또 이렇게 섬세한 채소가 없다. 손톱이 살짝 스치기만 해도 표면에 바로 흠집이 생겨버린다. 상품 가치를 떨어뜨리지 않으려면 목장갑을 끼고 조심스

(왼쪽에서부터 시계 방향으로)
1, 2. 한국의 씨앗으로 기른 고추. 매운맛이 강렬하다.
3. 색도 모양도 아름다운 하얀 가지.
4. 이런 색깔의 감자도 있다.

스파게티, 카레, 샐러드에서 대활약하는 호박.

럽게 다루어야 한다. 한 차례 호박 따기가 끝나면, 부엌 바깥쪽 테라스에 죽 늘어놓고 개수를 센다. 진한 녹색이 여섯 개, 노란색이 네 개, 줄무늬가 여덟 개……

### 농부는 예쁜 건 못 먹는다, 아까워서!

호박씨는 전부 이탈리아나 프랑스에서 사온 것을 쓰는데 다섯 종류쯤 된다. 우리는 이 여러 종류의 호박들을 섞어서 한꺼번에 출

금방 캔 감자, 알이 잘 여물었다.(왼쪽)  단맛이 풍부한 피망.(오른쪽)

하한다. 큰 차이는 없지만 품종에 따라 조금씩 맛과 색깔, 모양이 다른 것이 오히려 재미있어서다. 딸 때 흠집을 냈다든지 꽃 떨어진 자리가 못 생긴 것들은 출하 상품에서 제외된다. 그런 것들은 우리가 먹는다. 둘이 농사를 시작했던 첫 해, 우리들은 수확한 채소 중에서 가장 예쁘게 생긴 걸로 요리를 해서 먹었다.

    그러나 2년째의 후반기, 도쿄 슈퍼에 채소를 출하하게 되고부터는 모양이 좋은 채소는 "이건 상품으로 나갈 거니까 건드리지 마!"라고 말하게 되었다. 흠집 난 것, 찌그러진 것, 구부러진 것, 다시 말해 상품 가치가 없는 것만 식탁에 오르게 되었다. 그렇게 꼬부라진 오이와 찌그러진 토마토를 먹으며 "우리들도 드디어 진짜 농부가 되

었네."라고 서로의 노고를 치하하며 만족감에 젖는다.

부러지든 꼬부라지든 호박 맛은 달라지지 않는다. 우리는 호박을 동글동글하게 잘라서 양쪽 면을 노릇노릇해질 때까지 구워 소금, 후추, 올리브오일, 간장을 섞은 소스에 무쳐 먹는다. 이렇게 먹는 것이 가장 맛있지만 아무렇게나 잘라서 그냥 볶아 먹어도 좋고, 채 썰어서 소금에 절여 볶아 먹어도 좋다. 그다지 개성이 강하지 않은 채소라 어떤 요리에 곁들여도 잘 어울린다. 그리고 흠집이 난 호박은 모두 잘게 썰어서 믹서에 갈아 생크림을 넣어서 신선한 라이트 그린 소스를 만들어둔다. 이 소스로 만든 리소토는 우리 집 인기 메뉴 가운데 하나다. (249페이지 레시피 참조)

## 호박 따기는 시간 싸움

8월이 되어 토마토 수확이 본격화될 때까지 밭의 잡초 뽑기라는 무한 반복의 기본 노동을 빼면, 6월의 마늘, 양파, 각종 양배추류, 그리고 7월의 호박 수확이 빌라데스트의 주된 일이다. 아직 풀full 가동이 안 된 상태라서 다소 시간 여유가 있으므로, 나는 아침 한 차례의 노동이 끝나면 식사를 하고 서재로 올라가 점심때까지는 원고를 써도 좋다는 양해를 받아놓은 상태다. 8, 9월의 난리 통에는 나도 풀타임 농부가 되어 마감을 앞둔 원고도 화장실에 가는 김에 복도에서 쓸 때도 있다! 점심식사 후에는 또 한 차례 호박 밭 순례를 해야 한다. 한낮의 뜨거운 햇볕을 받으며 호박은 정말 쑥쑥 자란다. 아침에 봤을 때는 아직 조그맣던 것들이 점심때가 지나서 가보면 '출하 준비 완료!'하고 기다리고 있을 정도다. 정말 자신의 눈을 의심할 지경이다. 성장 속도가 그 정도로 빠르다 보니 잠시도 방심할 새가 없다. 국내 슈퍼에서 팔리고 있는 호박은 길이가 대개 12~13센티미터인데, 내 생각에는 20센티미터 정도 길이에 200그램 정도의 무게가 나가는 호박이 가장 맛이 좋다. 그래서 우리는 거기에 맞춰 수확한다.

그런데 이 호박이라는 녀석이 결코 만만한 상대가 아니다. 아침에 딸까 말까 하다 놔두고 온 것이 점심때는 벌써 수세미만큼 자라 있다. 물론 수세미만큼 자란 것도 씨가 박혀 있는 물렁물렁한 속만 파내면 얼마든지 맛있게 먹을 수 있다. 그렇지만 이처럼 커다랗게 자란 것은 금방 물러버리기 때문에 상품 출하는 불가능하다. 아니 그런 이유 때문만은 아니다. 길이가 40센티미터나 되는 레슬링 선수 팔뚝처럼 생긴 호박이 슈퍼 채소 칸에 등장한다면 손님들이 얼마나

기겁을 하겠는가.

 오후의 호박 따기는 정말 고되다. 덥다고 반소매를 입으면 호박 잎에 나 있는 빳빳한 털에 쓸려서 팔뚝에 지렁이 지나간 자리 같은 생채기가 수도 없이 생긴다. 그래서 할 수 없이 긴 소매를 입고 작업을 하는데 고원지대의 작열하는 태양 아래, 이건 거의 고문 수준이다.

고된 노동을 끝낸 저녁은 간단한 육류 요리에
지하 저장고에서 꺼낸 와인을 곁들인다.

## 행복한 낮잠도 일과 중 하나

호박 수확을 마치고 숫자를 셀쯤에는 완전히 녹초가 되어버린다. 나는 샤워를 하고 낮잠을 자기 위해 침대를 파고든다. 주변의 다른 농가들도 다들 낮잠 시간을 갖는다. 새벽부터 일하고 또 해가 떨어질 때까지 일을 하는 사람들이라, 그렇게 하지 않으면 몸이 배겨나지 못할 것이다. 대부분 '점심식사 때 소주 한 잔 짝 하고' 한 시간 정도씩 푹 잔다고.

서양식 육회라고 할 수 있는 소고기 카르파치오. (248페이지 레시피 참조)

온몸이 얻어맞은 듯 피곤하지만,
작업복을 벗어버리고 샤워를 하고 또 다른 나로 다시 태어나면,
이제부터 잠드는 순간까지는 귀족이다.

조용하고 행복한 낮잠 시간이 지나면 또 모두 함께 밭으로 나간다. 나는 포도를, 아내는 허브들을 돌본다. 그리고 태양이 기울면서 시원한 바람이 불어올 때쯤, 나는 세 번째 수확을 위해 다시 호박 밭으로 향한다. 그렇게 하루에 세 번씩이나 따야 하는 호박이라면, 여럿이 번갈아가며 하면 좋지 않겠느냐고 생각하는 사람도 있을 것이다. 그러나 그게 그렇지 않다. 한 사람이 밭 전체 호박 상태를 파악할 필요가 있기 때문이다. 몇 번째 고랑 몇 번째 줄기에 어느 정도 크기의 호박이 달려 있는지, 언제쯤 따야 할지를 끊임없이 파악해서 위치를 기억하고 확인해놓지 않으면 수확 시기를 놓쳐버릴 염려가 있기 때문이다. 갑자기 잘 모르는 사람에게 부탁을 하면 꼭 몇 개를 놓쳐버린다. 한 번 놓치면 금방 수세미가 된다. 전부 파악하고 있는 것 같아도 커다란 잎 뒤에 교묘하게 숨어 있는 녀석이 꼭 있게 마련인지라, 꼬부라진 호박에 곁들여 우리는 매일처럼 수세미 호박도 먹게 된다. 이렇게 7월의 일과는 호박 따기로 하루해가 저문다. 8월에 접어들면 호박 줄기도 노화 현상을 보이며 열매가 많이 열리지 않는다. 내 일의 중심도 자연히 토마토로 넘어간다.

### 온몸의 세포가 노곤해지는 기쁨

땀을 흘리는 일은 즐겁다. 수확하는 일 또한 각별한 기쁨이 있

온실에서는 오후에 잠시 휴식을 취하거나 저녁 무렵 와인을 마시기도 한다.

다. 하루의 노동이 끝난 다음에 찾아오는 조용한 밤은 무엇과도 바꾸고 싶지 않은 귀중한 시간이다. 온몸이 얻어맞은 듯 피곤하지만, 작업복을 벗어버리고 샤워를 하고 또 다른 나로 다시 태어나면, 이제부터 잠드는 순간까지는 귀족이다. 밭에서 수확한 오늘의 채소로 좋아하는 요리를 만든다. 몸이 달라고 보채니 간단한 고기 요리도 조금 곁들인다. 소재가 소재이다 보니 저녁 식사는 이탈리아풍 내지는 지중해풍이 되는 경우가 많다. 지하 술 저장고에서 와인을 한 병 꺼내, 우선 건배부터……. 온몸의 세포가 노곤하게 풀어진다.

# 8월

해발 850미터의 언덕 위라 해도 직사광선만큼은 쏘는 듯이 따갑다.
작열하는 태양 아래의 노동은 체력을 필요 이상으로 소모시킨다.
그래서 토마토 수확은 아침 일찍 시원할 때 끝내고
오후는 낮잠을 자고 해질 무렵 다시 밭으로 나간다.
그리고 매일 밤 토마토 페이스트를 만드는 것이 8월의 일과다.

# 토마토 수확의
# 붉은 여름

　남쪽으로 완만하게 기운 경사면에 토마토 밭이 죽 이어져 있다. 폭이 넓은 두둑 가운데서부터 늘어진 토마토 줄기는 잎과 열매의 무게를 못 이기고 양쪽으로 늘어져, 위에서 내려다보면 마치 빽빽이 우거진 관목 숲 같다. 그 토마토 나무 하나에 조그만 것, 파란 것, 불그스름한 것, 새빨간 것…… 대충 세어보아도 수십 개는 넘어 보이는 열매가 달려 있다.
　짚을 깔아 놓은 고랑으로 허리를 구부리고 들어가 우선 눈에 띄게 익은 것을 딴 다음에, 우거진 잎사귀를 이리저리 젖혀가며 숨어 있는 녀석들을 찾는다. 줄기 가까이 어두침침한 곳에 매달린 녀석들 중에도 아주 잘 익은 것이 있기 때문이다. 그렇게 꼭지까지 새빨갛게 익은 토마토만을 신중하게 골라 따서 플라스틱 컨테이너에 담는다. 8월은 비가 오지 않는 한 매일 이 작업이 계속된다. 해발 850미터나 되는 산 정상이라 시원한 편이기는 하지만 낮의 직사광선은 어디 못지않게 강하다. 한여름에는 최고 기온이 연  일 30도를 넘으니, 아무것도 가려주는 것 없는 땡볕 아래의 밭이라면 어쩌면 40도 이상이 되지 않을까. 그래서 될 수 있는 한 아침 일찍 일어난다.

### 강도 높은 노동으로 시작하는 8월의 아침

7월 말에서 8월 중순 오봉 우리나라의 추석과 비슷한 일본의 명절 까지의 제일 더운 2주간은 새벽 5시 전에 일어나 밭으로 나간다. 8시가 되면 벌써 태양은 아침나절의 온순함을 벗어버리고 점점 흉포하게 변하기 때문에 그 전에 토마토 수확을 마쳐야 한다.

일어나 옷을 갈아입고 밖으로 나가 서둘러 개를 산책시킨 다음

잘게 썬 신선한 토마토에 설탕을 듬뿍 뿌려 먹는 옛날 스타일 간식.

(개도 8시가 지나면 걷기 싫어한다), 소형 트럭을 몰고 토마토 밭으로 간다. 둘이서 고랑을 나누어 맡고 쭈그리고 앉은 채 자리를 옮겨가며 묵묵히 토마토를 딴다. 해가 뜨고 고도를 높여감에 따라 얼굴이 따끔거리기 시작한다. 긴 소매 셔츠에 장화, 긴 바지에 모자를 푹 눌러쓰고, 목에는 수건, 그리고 목장갑도 꼈다. 여름에 밭일을 할 때는 자외선 대책을 철저히 세워야 한다. 그렇게 하지 않으면 몸에 피로가 쌓여버린다. 가끔 도쿄에 올라가서 만나게 되는 사람들에게 자주 듣는 소리가 "뭐야, 별로 많이 타지 않았네."이다. 이런 소리를 들으면

마치 '농사짓는다는 거 거짓말 아니야?' 하고 의심의 눈초리를 받는 느낌이다. 아니 몰라도 어쩌면 그렇게들 모를까. 농가에서도 특히 여자들은 자외선 차단을 철저히 하기 때문에 휴양지로 놀러 다니는 사람들보다 훨씬 하얗다. 어쨌든 그렇게 두 시간 정도 일을 하고 나면 새빨간 토마토가 대여섯 상자는 쌓인다. 한 상자가 약 20킬로그램. 그걸 소형 트럭에 옮겨 싣고 돌아온다. 전신은 이미 땀범벅. 샤워를 하고 그리고 드디어 아침식사를 한다. 건강이 넘치는 한여름의 하루는 이렇게 시작된다.

## 여름 식사는 화려한 풀밭

여름에는 채소를 먹는다. 어쨌든 많이 먹는다. 7월에서 9월에 걸쳐 호박, 토마토, 피망, 고추 등, 우리 빌라데스트 농원의 '주력 상품'은 그런 식으로 바뀐다. 그 사이 사이에 집에서 먹기 위해 기르는 여러 가지 채소도 따로 나온다. 프랑스 양배추, 꽃양배추, 회향, 뿌리 셀러리, 루콜라, 치커리, 래디시, 꼬마오이, 비트…… 거기에다 가지, 오이, 당근, 시시토<sup>피망의 한 종류</sup>, 인겐<sup>껍질째 먹는 콩의 한 종류</sup>, 콩, 옥수수 등등. 허브가든에는 허브가 우거지고, 집 옆 숲에 설치한 통나무에서도 슬슬 표고버섯과 느타리버섯이 나오기 시작한다. 조금씩 손보며 자연에서 거두어들인 채소만으로도 도저히 다 먹을 수 없을 정도의 양이 된다. 고기나 생선도 조금씩은 먹지만, 점심이고 저녁이고 그 몇 배의 채소를 뱃속으로 밀어 넣어 그걸로 배를 불리는, 그야말로 풀벌레 같은 생활이다.

　더운 한낮에는 낮잠을 잔다. 점심때가 지나면 근처 다른 집 밭에도 사람의 그림자가 사라진다. 모두들 그 시간에는 낮잠을 자는 모양이다. 드디어 오후 3시가 되어 슬슬 햇볕이 약해지기 시작하면 다시 밭으로 나간다. 하루 중 가장 기다리는 것은 저녁 6시를 지날 무렵부터 시작되는 '지극히 행복한 시간'이다. 저녁때가 되면 시원하고 기분 좋은 바람이 살갗에 와 닿는다. 아랫마을에서 올라오는 희미한 소음 때문인지 이곳의 조용함이 더욱 부각되어, 은은해져가는 햇살 가운데 있다 보면 마치 시간의 흐름이 정지된 것 같은 착각에 빠질 때도 있다. 그날 치의 노동도 다 끝나가지만 이대로 밭에 머물며 바람을 즐기고 싶은 생각이 든다. 잠시 시간에 몸을 맡기고 행복감을 만끽한 다음 저녁에 먹을 채소를 따서 집으로 돌아온다.

　슈퍼에 출하하는 상품이나 고객에게 택배로 부쳐야 할 것들은 미리 따지만 집에서 먹을 것들은 먹기 직전에 딴다. 도시에 사는 사람들에게는 미안한 이야기지만, 그게 맛이 훨씬 좋기 때문이다. 깜박하고 이틀 정도 지난 채소는 밭이나 퇴비 더미에 던져버린다. 농가만이 누릴 수 있는 사치스러운 소비생활이다. 음식물 쓰레기는 전부 비료가 되어 다시 흙으로 돌아가니까, 결코 의미 없는 낭비는 아

니다. 다시 한 번 샤워를 하고 셔츠를 갈아입고, 먼저 차게 식혀놓은 맥주 한잔. 그리고 테라스에 있는 주방에서 채소를 씻고, 석양을 바라보며 저녁 준비를 한다. 여름밤. 최고의 기분이다. 마시고, 먹고, 웃고, 그리고 자는 일뿐이다.

## 한여름밤의 토마토 페이스트 만들기

아니, 그게 전부가 아니다. 깜박할 뻔했는데, 토마토가 나오는 기간에는 밤에도 또 하나의 큰 일이 기다리고 있다. 토마토는 주로 이탈리아와 프랑스 품종을 재배하는데, 수확한 토마토는 바로 도쿄에 있는 슈퍼마켓과 또 몇 군데 상점으로 보낸다. 그렇게 상품 출하를 하고 나면 금이 가거나 터지고 찌그러지거나 모양이 이상한 것들이 남게 된다.

이렇게 상품 가치가 떨어지는 것들은 자가 소비용으로 돌리게 되는데, 이걸 도저히 다 먹을 재간이 없으니 페이스트로 만들어 저장해둔다.

토마토 페이스트를 만들기 위해서는 껍질을 벗기고 씨를 빼내야 하는데, 이를 위해 미국산 기계를 쓴다. 꼭지를 딴 토마토를 위쪽에 있는 구멍에 넣고 손잡이를 살살 돌리면 껍질과 씨는 싹 벗겨져 나오고 곱게 갈린 토마토 살과 즙만 별도의 구멍으로 나오게 돼 있

어떤 요리에도 어울리는 만능 토마토 페이스트 만드는 법 공개!
꼭지를 딴 토마토를 넣으면 껍질과 씨만 따로 벗겨져 나온다.
잘 갈아놓은 토마토에 아무것도 첨가하지 않은 채, 커다란 냄비에서 끓인다.
우리 집에서 매년 대활약중인 토마토 페이스트 제조기.
내년 여름까지 사용하기 위해 밀봉 파우치를 사용한다.

토마토 수확의 붉은 여름　149

먼저 차게 식혀놓은 맥주 한잔. 그리고 테라스에 있는 주방에서
채소를 씻고, 석양을 바라보며 저녁 준비를 한다. 여름밤. 최고의 기분이다.
마시고, 먹고, 웃고, 그리고 자는 일뿐이다.

는 아주 간단한 구조의 기계이다. 이렇게 모아진 토마토 살과 즙을 큰 냄비에 넣고 불에 올린다. 몇 킬로그램의 토마토에서 어느 정도의 소스가 나오는지 계산해본 적은 없지만, 어쨌든 큰 냄비에 넣고 몇 시간이고 끓여서 6분의 1, 혹은 7분의 1이 될 때까지 졸인다. 소금이나 물 같은 것을 전혀 넣지 않고 오로지 토마토 살과 즙만을 응축시킨 것. 이것을 진공 팩에 넣어 냉동시켜두면 다음 토마토가 나올 여름까지 보관이 가능하다. 필요할 때마다 필요한 만큼씩 해동시켜 마늘, 양파, 허브 등을 넣어 볶기만 하면 바로 토마토소스가 완성된다. 그대로 스튜나 카레에 넣어도 되는, 언제 어디서나 아이디어에 따라 다양하게 활용할 수 있는 만능 페이스트다. 가을부터 다음 해 봄까지 다양하고 요긴하게 쓸 수 있는 이 페이스트는 수확이 많은 시기에 미리미리 만들어두지 않으면 안 된다. 그래서 졸린 눈을 비벼가면서도 일정한 농도가 될 때까지 졸이는 일은 자기 전에 한다. 진공 팩에 넣고, 냉동고에 집어넣는 작업은 다음날 해도 되지만 끓여놓는 일만은 그날 밤 안에 해놓지 않으면 신선도가 떨어져 맛도 떨어지기 때문이다.

## 밤에는 서늘한 바람이 분다

낮에는 매미가 기승을 부리며 울고 기온도 한없이 올라가지만,

태국풍 커리와 태국풍 소고기 샐러드, 그리고 난프라(태국 액젓)를 뿌린 새우구이.
(252페이지 레시피 참조)

해만 떨어지면 거짓말같이 시원한 바람이 불어와 창문을 열어놓고 잤다가는 감기가 들 정도로 기온이 내려간다. 신슈의 산속에서 살다 보면 문득 어릴 적 생각이 난다.

나는 도쿄에서 태어나 거기서 자라났는데 옛날에는 도쿄의 여름도 이러지 않았나 싶다. '더운 날 오후에 엄마나 형이 만들어 주곤 했는데…… 그때는 툇마루에 걸터앉아 먹었는데…….' 불현듯 옛날 생각이 나서 어렸을 때 좋아하던 간식을 만들어 보았다. 토마토 껍질을 벗기고(완숙 토마토는 뜨거운 물에 집어넣지 않고 날것 그대로 손가락으로 껍질을 벗길 수 있다) 잘게 잘라서 컵에 담는다. 그 위에 설탕을 듬뿍 뿌려서 잘 섞으면 완성! 차게 식혀서 먹으면 더욱 맛있다.

예전에 토마토는 채소와 과일의 중간쯤에 속하는 존재였다. 나이가 어느 정도 든 사람이라면 누구나 토마토에 설탕을 뿌려서 먹

하루 중 가장 기다리는 것은 저녁 6시를 지날 무렵부터 시작되는
'지극히 행복한 시간'이다. 저녁때가 되면 시원하고
기분 좋은 바람이 살갗에 와 닿는다.

던 기억이 있겠지만, 채소 같은 것으로도 간식을 만들어 먹던 시대
라니, 요즘 젊은이들은 그게 무슨 소린가 할 거다. 점차 식생활이 서
구화되면서 채소는 샐러드로밖에 먹지 않는 시대가 되었다. 밀폐된
방에서 에어컨을 틀고 사는 시대가 되어 이제는 모기장도 필요 없
다. 나무 그늘에 앉아 옛날식 간식을 먹으며 매미 소리를 듣고 있으
면, 정말 '내 한 몸으로도 많은 시대의 변화를 겪는구나……' 싶은
생각이 든다.

여름은 하루가 끝나가는 시간이 가장 좋다. 산에서는 오봉이 다가오면 바람의 빛깔이 변하기 시작한다. 기분 탓인지 매미 소리도 약해지는 것 같고, 어딘지 모르게 가을이 성급하게 숨어든 기분이 든다. 이렇듯 약간은 감상적인 기분에 젖게 되는 것도 여름밤만의 정취다. 그렇지만 빌라데스트의 농번기가 끝나려면 아직 멀었다. 오봉이 지날 무렵부터 대형 피망이 붉어지기 시작하고 고추도 본격 시즌에 접어든다. '감상에 젖어 있을 틈이 없다.'라고 엉거주춤 몸을 일으켜보지만, 이때쯤 되면 상당히 피로가 쌓인 상태인지라 몸이 무겁고 나른하다.

## 채소의 왕국으로 오세요!

 "도대체 재배하는 채소 종류가 얼마나 됩니까?"라는 질문을 받은 적이 있는데, 얼른 대답하지 못했다. 토마토만 해도 이탈리아와 프랑스의 품종을 중심으로 10종쯤 재배하고 있으니까, 그걸 다 헤아린다면 상당한 숫자가 될 것이다. 호박만 해도 7종, 피망도 10종이 넘는다. 제일 자랑하고 싶은 것은 고추다. 이 세상에서 가장 매운 고추라는 하바네로, 콜럼버스가 발견한 야생종에 가장 가까운 테핑, 토마토처럼 생긴 라지 체리, 삼각형으로 생긴 진한 녹색의 안쵸, 작고 매운 야성적 매력이 가득한 세라노, 상큼한 향이 매력적인 할라피뇨 등, 15종이 넘는 품종을 갖추었다. 씨들은 대개 아메리카(뉴멕시코)나 이탈리아 등의 외국에서 들여온 것이다. 이 정도로 다양한 품종의 고추를 재배하고 있는 농가는 현재 일본 내에서는 우리 말고는 없을 것이다.

 나는 원래 매운 요리를 좋아하기 때문에 고추에 대해서는 관심이 특별했는데, 경작을 해보니 토마토나 호박보다 훨씬 다루기 쉽다는 점 때문에 더 마음에 든다. 호박은 하루에 두세 번은 따러 다녀

푸르고 싱싱하게 자라는 콩. 비료는 도부마치의 맑은 공기다.

야 하고, 토마토도 매일 따주지 않으면 안 된다. 만약 이틀 정도 따는 걸 미루는 날엔 완숙 토마토가 다 터져버리고 만다.

그러나 고추는 일주일 정도는 그냥 내버려두어도 거의 썩는 일이 없이 가지에 꿋꿋하게 달려 있다. 게다가 열매가 파랄 때도 먹을 수도 있고, 빨갛게 익어도 맛있다. 말린 것은 판매한다. 남은 것은 집에서 먹고 그러고도 남은 것은 말려두었다가 리스 장식으로 쓰기도 한다.

정말이지, 우리같이 일손이 부족해 밭을 자주 돌보기 힘든 사람들이 재배하기에 딱 좋은 작물이다. 게다가 건조한 기후에도 강하고

카이엔Cayenne    남미 대륙 프랑스 령 기니아의 카이엔 지역이 원산지다. 안정된 매운맛으로 다양하게 사용할 수 있다.
할라피뇨Jalapeno    상큼한 향이 매력적인 고추. 원산지는 멕시코의 할라파 촌. 소스나 피클에 적합한 품종.
세라노Serrano    상큼한 신맛과 톡 쏘는 매운맛이 특징. 원산지는 중미 산악지대. 여러 가지 요리에 다양하게 쓰인다.
테핑Tepin    콜럼부스가 발견한 야생종에 가장 가까운 품종. 강력한 매운맛은 소스나 스프의 풍미를 더하는 데 아주 좋다.
하바네로Habanero    원산지는 중미 카리브 해. 이 세상에서 가장 매운 고추. 샐러드에 조금만 넣으면 좋다. 초절임 추천.
헝가리언 왁스Hungarian-Wax    신선한 향과 아삭거리는 맛이 특징. 색깔은 연하지만 상당히 매운 품종. 샐러드나 스튜에 적합하다.
라지 체리Large Cherry    두툼한 피망 같은 맛. 샐러드나 피클에 적합하다.

비가 많이 내려도 잘 견딘다. 1993년에는 비가 많이 온 데다 저온 현상이 계속되었고 1994년에는 가물고 더웠다. 그런 정반대의 기상이

변으로 채소 작황을 예상하기가 힘들었다. 1994년은 프랑스 요리에 많이 쓰이는 뿌리 셀러리와 이탈리아 요리 재료인 회향 모종을 잔뜩 준비했는데 심각한 물 부족으로 좀처럼 포기가 크지 못하는 통에 결국 하나도 못 먹었다.

대신 뜨거운 여름엔 모습을 감추고 있던 루콜라가, 가을에 접어들며 기온이 선선해지자 쑥쑥 올라오며 대량으로 향기로운 잎을 제공해주었다. 한번 씨를 맺고 시들었던 고수도 가을이 되면서 또 한번 싹을 틔웠다.

태국 요리, 베트남 요리에서 그 독특한 향의 어린잎들이 대활약을 한 것은 말할 필요도 없다. 여기서는 5월 중순이 지나야 겨우 모종을 내다심을 수 있기 때문에 수확이 가장 이른 양상추부터 시작해서 서리가 내리기 직전까지 수확이 가능한 고추까지, 빌라데스트

의 수확 시즌은 정확히 따져서 5개월이 조금 못 되는 셈이다. 그동안 각종 채소들이 조금씩 시기를 달리하며 흥망성쇠를 이어간다. 양상추를 다 먹을 즈음이면, 호박이 열리기 시작하고, 호박이 물릴 때쯤이면 토마토가 붉게 익는다. 그리고 그때쯤이 되면 감자를 캘 때가 된다. 그런가 하면 밭의 이 구석 저 구석에 심어 놓은 피망, 고추, 인겐, 가지(서양 가지, 재래종 가지, 하얀 가지, 태국 가지 등), 시시토, 콩, 옥수수 등이 일제히 열매를 맺기 시작하는 것도 이 시기다. 그 옆에서는 블루베리, 라즈베리, 블랙 커런트도 열매를 맺기 시작한다. 눈이 돌아가게 바쁜 계절의 도래다.

9월 중순 토마토 수확이 끝나는 시점에 일단 한숨을 돌릴 수 있지만, 그때부터 가지가 한창 맛이 오르고, 고추도 붉어지기 시작하니까, 역시 자주 따주어야 한다. 10월에 접어들면 늙은 호박 따기도 큰 일 중의 하나다. 할로윈데이에 맞추어 출하하려면 서둘러야 한다. 그런 식으로 한여름의 제일 더울 때를 정점으로 10
월 말까지 쉬지 않고 수확이 이어지는 빌라데스트는 '여름 채소 농가'인 것이다. 11월 중순이 지나면 도쿄의 지인들로부터 가끔 "추수하느라 힘들겠다"라는 격려의 편지가 날아오곤 하지만 그때쯤이면 여기는 이미 농한기다. '근로 감사의 날(수확제), 수확의 가을……'이라는 이미지가 만들어낸 도시 사람들의 고정관념이 재미있다.

# 9월

도부마치와 이 일대는 일찍이 양봉이 성행했던 곳이다.
양지바른 땅이라 어떤 작물도 잘 자란다.
현재는 거봉, 사과, 호두 등이 명산품이다.
한창 바쁜 여름 시즌이 지나, 몸과 마음에도 여유가 생겼다.
오래된 우리 동네를 걸어본다.

# 잠시 숨을 돌리며,
# 우리 동네 산보

    이곳으로 이사 와서 만 3년이 지났다. 밭농사도 세 번 지어본 셈이다. 여전히 어수선하고 바쁘기는 하지만 농원도 조금씩 제 모습을 갖추어가고 있다. 점차 일정한 페이스를 찾아가는 느낌이다. 경험이 조금씩 쌓이니, 어떤 시기에 무슨 일을 해야 하는지, 각각의 작물들은 어떤 속도로 자라는지, 돌보는 것과 수확에는 어느 정도 품이 들어가는지…… 알게 된다.

    늘 머리보다 몸이 늦어서 허덕이며 좇아가고 있는 중이지만, 아

무것도 모르고 우왕좌왕하던 첫 해에 비하면 상당한 진보라 자부하고 있다. 체력도 붙었다. 첫 해에는 시즌 중간에 거의 녹다운, 두 번째 해는 녹다운 직전에 공이 울려 겨우 살아난 복서의 형국이었다면, 올해 처음 일을 시작할 때는 겨울을 나는 동안 풀렸던 몸이 여기저기 삐걱대기는 했지만, 이제 하루 6~7시간 농사일을 해도 예전처럼 심하게 지치는 일은 없다. 밭고랑 만들기, 모종하기, 가지치기 등, 일련의 농사일에도 속도가 붙었다. 그것이 생활의 여유를 가져다 주었는지도 모른다. 그렇다고 해도 비오는 날 실내 테니스 코트에 다닐 정도의 체력은 못 되지만(여기 사람들은 하루 종일 농사일을 하고 밤에는 소프트볼 게임을 한다. 도부마치에는 소프트볼 리그가 있다. 나도 참가하라는 권유를 받았지만, 매주 대항전에 나가야 하는 게 부담스러워 사양했다), 얼마 전부터 가끔씩 산악자전거로 주변 마을을 일주하고 있다. 우리 집 주변은 비탈길이라, 내리막길이 있는가 하면 또 오르막길, 꽤 훌륭한 하체 단련 코스이다.

## 우리는 이 동네 30년 만의 전입자

도부마치는 인구 2만 4,000명의 고장으로 신에쓰센信越線의 다나카(여기 사람들은 다를 높게 발음한다)라는 역과 국도 18호선에 인접해 있다. 중심부에는 번화가가 있고, 공장 몇 곳과 주택단지가 있는 활기 넘치는 지방 도시 중 하나다. 마을을 내려다보고 있는 에보시다케烏帽子岳 산기슭으로 들어가면 옛날 모습을 그대로 간직하고 있는 산촌 정경이 펼쳐진다.

내가 자전거로 내려가는 곳은 다자와田様라는 마을로 우리 부부도 여기 지역주민 조합의 멤버다. 따라서 내가 '우리 동네'라고 부르는 곳은 여기를 말한다. 지금은 차로 5분 정도만 가면 24시간 편의점도 있는 마을이 되었지만, 옛날에는 산간벽지를 개간한 농지에 천수답과 양봉으로 삶을 개척해나가던 곳이다. 그렇게 살아온 지역 사람들답게 마을 결속력이 매우 강하다. '30년 만의 전입자'인 우리는 아직 마을 사람들의 이름과 얼굴을 일치시키지 못하는 상태이지

잠시 숨을 돌리며, 우리 동네 산보

만, 가끔씩 열리는 동네 모임에도 나가고 아침 5시에 하는 개울 청소라든가 공동으로 하는 마을 일에는 가능한 한 협조하고 있다.

처음 이사 와서는 아침 5시에 집합하라는 소리를 듣고 농담인 줄 알았다. 그러나 지금은 우리도 농촌 생활에 익숙해져서 '아침 일찍'이라면 당연히 5시를 가리키는 말이 되었다. 나보다 체력이 좋은 아내는 요즘엔 상당히 여유를 찾았는지, 가끔씩 피아노 앞에도 앉곤 한다. '농한기의 여가 활용과 노후의 즐거움을 위하여'라는 명분으로 사들인 고가의 피아노다. 그러나 우리 생활이 자리를 잡기 전까지는 농한기에조차 좀처럼 뚜껑이 열리는 일이 없던 피아노로, 인테리어를 위해 갖다놓은 소품에 지나지 않았다. 그러던 것이 비록 어쩌다 한 번씩이기는 해도 거기서 바흐 비슷한 멜로디들이 흘러오기 시작했으니 대단한 발전이다. 늘 같은 자리에서 틀려 다시 치는 형편인지라 아직도 한 곡을 끝까지 들어본 적은 없지만!

## 조금이나마 찾은 일상의 여유는 스태프 덕

사실 우리가 이런 식으로 조금씩 여유를 갖게 된 데는 좀 더 구체적인 이유가 있다. 같이 일할 든든한 스태프가 늘었기 때문이다. '빌라데스트'는 우리 집과 농원의 이름인 동시에 농업을 포함한 여러 가지 생산 활동을 뒷받침해주는 유한회사의 이름이기도 하다. 여

마음의 평안을 가져다주는 바흐의 선율. 오후의 한때, 오랜만에 아내가 치는 피아노 소리가 흘러나온다.

기서 출하하는 채소나 허브티, 그 밖의 상품 브랜드 이름도 된다. 농원이 서서히 궤도에 오르고 관련 제작물도 늘어나면서 사무적인 일도 상당히 늘어났다. 그래서 작년부터 별채 2층을 사무실로 사용하기 시작했다.

    신발을 신고 들어갈 수 있는 2층짜리 별채는 일을 하는 중간에 차도 마시고 마을 사람들이 찾아왔을 때 담소하거나 회의도 할 수

월남쌈을 비롯한 빌라데스트 인기 메뉴 총집합! (253페이지 레시피 참조)

있는 공간이다. 그 공간에는 일단 '집회소'라는 이름을 붙였다. 1층에는 싱크대와 가스레인지를 설치하고 카페처럼 카운터 테이블도 만들었다. 2층은 우리가 입주한 후에도 이어졌던 마무리 공사를 위해 현장 감독이 사무실로 쓰던 곳인데, 막혀 있던 칸막이를 없애고 사무실로 만들었다. 지금까지 도쿄의 아는 사람 회사에 위탁해서 처리하던 나의 연락 업무 일체를 여기서 처리하고 있다.

현재 여직원 두 명이 2층 사무실에 상근하면서 전화 연락을 비롯한 사무 처리를 척척 해주고 있다. 쓰치야 고코土屋浩子. 도쿄에서 잡지 편집 일을 하다가 올해 고향으로 돌아왔다. 작년에 일하던 여직원의 후임으로 몇 달 전에 '입사'한 신인인데, 전화, 팩스, 컴퓨터 업무는 물론, 방문객의 접대뿐만 아니라 잡초 뽑기부터 허브티 포장, 채소 수확, 요리 사진 촬영 조수 역할까지, 뭐든지 부려먹는 영세 기업의 고된 업무에 벌써 익숙해진 모양이다. 또 한 사람은 후네야마 마유미船山眞弓. 10년 지기 조각가 후네야마 씨가 애지중지하는 딸인데 올봄에 도쿄의 단기대학을 졸업하고 집에 내려온 것을 '취직'이라는 이름으로 불러들인 반짝반짝 신인이다. 허브 제품을 시작으로 여러 가지 빌라데스트 브랜드 제작물의 개발이 주 업무인데, 실제로는 거의 하루 종일 밭에서 일을 시키고 있는 실정이다. 그리고 이 두 사람 외에도 작년부터 농번기에 주말과 비오는 날만 제외하고 매일 와주는 시라이白井 씨. 도저히 78세라는 나이가 믿기지 않는 대단한

빌라데스트 스태프들이 티타임을 갖고 있다. 오전 10시와 오후 3시는 약간의 간식과 차로 기운을 북돋는 시간이다.

체력으로 여러 가지 밭일을 맡아주는 동시에 산림 돌보기에 일가견이 있는 분이라 숯까지 만들어주는 전 방위 강력 협력자이다. 결국 이렇게 1인 2역, 3역을 담당해주는 믿음직스러운 스태프들 덕에 나와 아내는 첫 해의 그 절망적이고 무한 반복적인 노동에서 어느 정도 해방되어, 인간적인 삶을 위한 최소한의 여유를 누리고 있다.

### 해가 지고 나면 사무실은 마을 카페로 변신!

아침 8시 반, 차로 약 30분 정도 걸리는 마루코마치에서 출근한 시라이 씨. 개들에 둘러싸여 담배 한 대 피우고는 바로 일을 시작한다.

9시가 조금 못 된 시간에 고모로에서 쓰치야 씨가, 기타미보쿠에서 후네야마 씨가, 이렇게 두 아가씨가 도착한다. 차로 30분쯤 걸리는 거리다. 우리는 이미 개와 산책을 끝내고 아침식사를 마친 후 밭을 둘러보거나 책상 앞에 앉아 있거나, 그때그때 상황에 따라 일을 시작하고 있는 시각이다.

10시가 되면 그 전에 어디서 무슨 일을 하고 있었든지 간에 일단 전원이 집회소로 모이는 것을 원칙으로 하고 있다. 티타임이다. 신슈 사람들은 유난히 차를 좋아한다. 어디를 가든 반드시, '차라도 한 잔……' 하고 붙들려서, 우메보시나 살구, 호두 같은 뭔가를 곁들인 차 대접을 받게 된다. 그런데 절대 한 잔으로 끝나는 법이 없다. 찻잔의 차가 조금이라도 줄어들면 바로 또 부어주기 때문에, 한 잔, 두 잔, 석 잔…… 일어나는 순간까지 죽 마시는 것이 이 지방 사람들의 습관이다.

10년 전쯤에는 그런 습관이 참 이상하다고 여겼는데 지금은 우리가 그렇게 차를 대접해야 하는 입장이 되었다. 빌라데스트 건축

당시 임시로 들어와 살면서, 10시와 3시에는 반드시 인부들에게 차를 대접하던 것이 몸에 배어, 그 후로는 농사일을 하면서도 그 시간에 차를 마시는 습관을 이어가고 있다. 사실 하루 종일 몸을 움직이다 보면 잠깐 휴식을 취하고 싶어지는 시간이 바로 그때쯤이다. 약간의 간식과 따뜻한 차처럼 기운을 북돋아주는 것도 없다.

스태프 세 사람은 도시락을 싸오지만, 가끔 방문객이 있어 점심을 대접하게 되면 스태프들도 함께 먹는다. 안 그래도 빌라데스트에는 끊임없이 사람들이 들락거리는지라, 봄에서부터 가을까지는 둘이서 식사를 할 기회가 거의 없다. 점심 준비를 하려면 먼저 사람 수를 확인해야 한다. 물론 시간이 없어서 대단한 요리를 만들지 못한다. 볶음밥이나 카레 혹은 파스타 등 간단한 일품요리를 넉넉히 만들어 밭에 있는 채소를 곁들이는 정도의 식사다. 그러나 평범한 일상 중에 잠시 노동을 멈추고 반가운 사람들과 식탁에 둘러앉아 왁자지껄 떠들며 나누는 즐거운 식사, '그 어떤 식사가 이보다 더 맛있을까……' 싶을 정도로 꿀맛이다. 정말로 내가 이런 식으로 살게 될 줄은 꿈에도 몰랐다.

아이 없이 부부만 사는 집인데 마치 대가족이 함께 사는 집 같다. 스태프들은 6시가 되기 전에 모두 돌아가지만, 우리 둘은 거의 해가 질 때까지 바깥에서 지낸다. 그러면 밭일을 마치고 돌아가던 이웃들이 잠시 들러 선 채로 이야기를 하거나 가끔은 디트를 즐기

집회소 1층은 각종 회의와 휴식 공간으로 쓰인다.(위)
2층은 사무실로 쓰는 공간. 팩스, 워드프로세서, 컴퓨터 등이 나란히 설치되어 있다.(아래)

고 간다. 사무실 1층은 유럽 시골의 카페나 선술집처럼, 다트 말고 다른 게임기도 준비해서 언제 누가 오더라도 재미있게 놀고 갈 수 있도록 만들고 싶다. 아직은 생각뿐이지만.

'30년 만의 전입자'인 우리는
아직 마을 사람들의 이름과 얼굴을 일치시키지 못하는
상태이지만, 가끔씩 열리는 동네 모임에도 나가고
아침 5시에 하는 개울 청소라든가 공동으로 하는
마을 일에는 가능한 한 협조하고 있다.

# 서로 다르니까 더 즐거운 파티

오늘 파티에서는 바비큐를 굽는 것이 내 역할이다.

아직 더위가 기승을 부리던 어느 날, 오랜만에 많은 사람이 모이는 파티를 열었다. 미요타에 사는 무라타 유리 씨의 아들인 화가 무라타 히로시 씨가 가족과 함께 미국에서 놀러 온 것을 계기로 마련된 파티다. 멤버는 작년 타오스 뉴멕시코 주 산타페 근처의 무라타 씨 아틀리에를 함께 방문했던 여행 친구인 하마미키 씨, 가끔씩 숙박하는 가토 가즈히코 씨 등, 상당히 유쾌한 사람들이다. 메뉴는 일본 음식을 좋아하는 미국인이 많은 관계로 그냥 바비큐만으로는 허전할 것 같아서, 두부, 일본식 오리 구이, 닭

숯불구이 등으로, 한참을 연구해서 짰다. 요리를 잘하는 가토 씨를 비롯해 주로 남자들의 활약으로 파티 준비가 끝났다.

   그날따라 구름 한 점 없이 어찌나 더운지, 닭 숯불구이 담당은 거의 화상을 입을 지경이었다. 참가자들은 거의 서로 잘 아는 사이지만 모르는 사람도 섞여 있었다. 게다가 일본어를 전혀 모르는 미국 사람, 일본어보다 영어를 잘하는 일본 사람, 일본어밖에 못하는 일본 사람 등, 정말 다양했다. 이렇게 다양한 사람들이 모인 파티는 그 미묘한 긴장과 균형 때문에 분위기가 상당히 들뜨게 마련이다. 우리

아웃도어 파티의 요리는 주로 남자들이 담당한다. 더운 날 불과의 한바탕 전쟁을 치르느라 다들 고생했다.

들은 이런 식의 파티를 1년이면 몇 차례씩 기획한다. 그렇다고 파티를 위해 도쿄에 있는 사람을 따로 부르지는 않는다(이 먼 곳까지 오라고 하기가 미안해서). 그렇지만 마침 방문할 계획이 있는 사람들이 있으면 지역 주민들과 자연스럽게 자리를 마련해서 부담스럽지 않은 만남을 즐긴다.

친척이나 지인의 자녀들이 모였을 때는 불꽃놀이가 좋다. 이럴 때는 간단한 바비큐나 옥수수구이, 구운 주먹밥 정도의 음식만 준비하면 끝난다. 열 명 정도의 파티라면 커다란 냄비나 파에야프라이팬에 쌀과 고기, 해산물 등을 함께 볶은 에스파냐의 전통 요리를 준비하기도 한다.

모두들 먹고 마시고 웃으며 만남을 즐긴다.

　피자 구워 먹기 대회, 만두 빚어 먹기 대회도 아주 재미있다. 참가자 모두가 한 사람도 빠짐없이 일하면서 파티 분위기를 띄우는 것이 우리들의 방식이다. 봄에서 가을까지 빌라데스트에는 다양한 사람들이 찾아온다. 갑자기 찾아오는 모르는 사람, 밭 좀 구경하자든가 집 안 좀 보여 달라는 사람도 있다. 물론 이런 부탁은 거절한다. 그냥 멀리서 밭만 구경하고 간다면 모를까, 차에서 내려 남 일하는 것까지 방해한다면 곤란하다. 알고는 있지만 별로 친하지 않은 사람이 찾아와서 진종일 눌러 앉아 있는 것도 참 난처하다. 그러나 정말 보고 싶었지만 서로 바쁘다보니 못 만나던 친한 친구가 먼 데서 일부러 찾아오는 날이면, 아무리 바쁜 때라도, 괭이고 펜이고 붓이고 다

수확 시기를 놓쳐 점보 사이즈가 돼 버린 호박을 보여주며 호박 따기의 고단함에 대해 성토하기도!

던져버리고 환영한다.

  이상적으로는, 찾아오는 사람은 누구라도 차별 없이 환대하고 빌라데스트의 맑은 공기, 아름다운 풍경, 맛있는 채소를 맛보고 느긋하게 쉬어가게 하는 것이 맞다. 그러나 이제 막 자리를 잡아가면서 농원을 끌고 나가야 하는 지금의 상태로는 도저히 그렇게 할 물리적, 심리적 여유가 없다.

  이 지역 사람들과의 사귐도 적지 않다. 이웃 간의 모임, 친목회 등의 정기모임 말고도, 이 지역 친한 농가 몇 집과는 자주 왕래하고 있다. 흉허물 없는 사람들끼리, 산지에 직접 주문한 꽁치가 왔으니 같이 구워 먹자는 등의 핑계로 자주 모여 먹고 마신다.

　이 동네 사람들은 주로 맥주나 일본 술, 아니면 소주를 마시지만 우리 집에서는 와인을 낸다. 그런데 의외로 인기가 좋다. 젊은 사람들 중에는 우리 집에 오면 와인을 마신다고 이제나 저제나 기다리는 사람이 있을 정도다. 동네 사람들은 한 잔 하자고 부르면 반드시 채소 절임이나 과일, 안주 같은 것을 잔뜩 들고 온다. 한 번은 조합 젊은이들이 바비큐 파티를 하자며, 우리더러는 아무것도 준비하지 말라고 하더니, 고기와 채소는 물론 화로와 숯까지 전부 싸가지고 와서 우리 정원에서 파티를 한 적도 있다. 모두들 아웃도어 요리는 척

척인 일당들인지라, 뻑적지근하게 먹고 말끔하게 치우고 돌아갔다. 대단히 매너가 좋은 이들이다.

  산채가 나올 때는 산채, 풋콩이 나올 때는 풋콩, 버섯이 나올 때는 버섯. 산촌 생활의 파티 메뉴는 무궁무진하다. 그리고 어떤 파티이건 간에 거기에서 마시고 웃고 떠드는 동안 나왔던 이야기는 일체 '오프 더 레코드'라는 것이 우리 집 파티의 철칙이다. 나는 에세이를 써서 파는(?) 것이 업이지만 누가 와서 무슨 말을 하더라는 둥, 남의

프라이버시를 팔아먹는 글은 절대 안 쓴다. 유명한 사람이건 평범한 사람이건 간에 서로에 대한 신뢰가 있어야 유쾌한 관계가 유지된다고 생각하기 때문이다.

# 10월

1992년 5월 빌라데스트 남서면 600평 땅에
500주가량의 포도 묘목을 심었다.
메를로, 샤르도네, 피노 누아…….
1993년 가을, 기념비적인 첫 수확.
목표는 연간 1,000병의 와인을 생산하는 것이다.
손이 많이 가는 만큼 수확의 기쁨도 크다.

# 빌라데스트 포도로 만든 하우스 와인

10월은 포도의 계절이다. 이 고장 도부마치는 거봉의 명산지로, 9월 말부터 10월까지 한 달 동안 나오는 노지 거봉은 정말 맛있다. 물론 시장에는 여름부터 하우스에서 재배한 거봉이 나오지만, 노지에서 햇볕을 직접 받고 자란 포도 맛과는 비교도 안 된다. 정말 깊은 맛과 긴 여운을 느끼게 하는 명품 포도다.

이곳으로 이사 와서 밭농사를 시작하면서 제일 먼저 떠오른 생각은 거봉이 나오는 곳이니까 분명히 와인용 포도도 재배할 수 있으리라는 것이었다. 당초에 예정했던 것보다 훨씬 넓은 농지도 확보했겠다, 기왕이면 내가 적극적으로 흥미를 가지고 있는 작물을 재배

점차 가을 색으로 물들어가는 빌라데스트의 포도밭.

해보자고 생각하게 되었다. 그래서 양지바른 땅 600평 정도를 와인용 포도밭으로 따로 떼어놓았던 것이다.

처음 묘목을 심은 것은 1992년 5월이었다. 포도는커녕 어떤 채소도 내 손으로 직접 심고 길러 본 경험이 전혀 없었던 나는 하나부터 열까지 일일이 주위 사람들에게 물어가며 어찌어찌 밭을 갈고 비료를 넣고 지주를 세워 묘목 500그루 정도를 내 손으로 심었다.

처음에는 그렇게 작고 가느다랗던 묘목이 3년이 지나고 나니 그래도 꽤 굵어졌다. 거봉은 한 송이에 달리는 포도 알의 수를 일정하게 맞추어 주어야 하고, 포도송이 모양을 다듬어주고, 봉투를 씌워주는 등의 자잘한 작업이 많은 데다 시렁 위에서 아래로 축 늘어진 포도송이를 올려다보며 작업해야 하기 때문에 여간 힘든 것이 아니다.

거봉 포도원에 가면 지주에 넝쿨을 감아올리며 재배하는 와인용 포도는 작업이 편하고 손이 별로 안 간다는 말들을 한다. 그 말만 듣고 안이한 생각으로 시작했던 포도 농사, 막상 직접 내손으로 해보고 절실하게 깨달은 것은, 이 세상에 손이 별로 안 가고 편안하게 지을 수 있는 농사 같은 건 존재하지 않는다는 사실이다.

## 자처했지만 힘들더라

4월 말에서 5월에 걸쳐 새순이 나올 즈음에는 늦서리 걱정 하나뿐이지만, 6월에 접어들면 새로운 넝쿨이 쑥쑥 올라오는 통에 정신이 없다. 그냥 내버려두면 이리저리 정신없이 뻗어서 저희들끼리 엉키고 난리가 난다. 끊임없이 돌아보며 어린 넝쿨을 지지대에 고정시켜주어야 한다. 그러면서 한편으로는 생장을 촉진하기 위해 여분의 순을 잘라버린다든가 내년 이후의 수형을 생각해서 필요한 줄기만을 남기고 나머지는 잘라버리는 작업도 해야 한다. 6월에는 꽃이 피고 7월이 되면 맹렬하게 자란다. 조그만 열매가 맺기 시작하면 한

엉뚱한 방향으로 뻗어가려는 넝쿨을 철사로 지주에 붙들어 매고 있다.

나무에 달린 송이를 세어보고(너무 많이 달리면 열매의 질이 떨어져 좋은 와인이 안 나온다) 건강해 보이는 것만 남기고 솎아버린 후, 우거진 잎을 대충 옆으로 젖혀서 포도 열매에 직접 햇볕이 닿을 수 있도록 해준다. 그리고 세상이 좁다며 제멋대로 뻗어나가는 넝쿨은 결국 다른 나무에 얽히게 되므로 하나하나 가위로 끊어버린다.

　　이런 일을 하고 있으면 한 줄을 돌아보는 데 30분에서 한 시간은 족히 걸린다. 포도나무가 한 줄에 열여덟 그루, 전부 스물여섯 줄이나 된다. 가령 하루에 세 시간씩 돌아본다고 해도 약 일주일이 걸리는 일이다. 일주일이 지나서 보면 처음에 손질한 줄의 나무가 또 손질을 해달라고 아우성이니 똑같은 작업을 반복하게 된다. 이런 매일의 작업이 8월 후반까지 계속된다. 그리고 소독 또한 여간 고된 일이 아니다. 포도는 병충해에 약하기 때문에 소독을 안 할 수가 없다. 새순이 돋기 직전부터 8월 중순까지 전부 아홉 차례. 나는 될 수 있는 대로 횟수를 줄이려고 세 번 정도는 건너뛰고 있지만, 그 이상 줄이면 병충해가 생긴다.

잎이 무성하게 우거졌을 때는 전 세계적으로 사용되고 있는 볼드 액이라는 고전적인 약제를 쓴다. 내가 직접 생 석회를 물에 반응시켜(열과 하얀 연기가 난다), 뜨거운 물에 녹인 황산동 분말을 섞어서 만든다. 전날 밤에 두 가지를 다 준비해두었다가 다음날 아침 일찍, 차게 식은 상태로 혼합해서 탱크에 넣고 살포한다. 포도나무의 키가 작았던 작년까지는 어깨에 메고 뿌리는 분무기로 작업했는데, 올해부터는 농협에서 산 중고 자동 분무차를 타고 포도나무 사이를 돌아다니면서 살포하고 있다. 분무차로 뿌리니 금방 끝나서 좋긴 한데, 차 뒤편에 달린 팬으로 기세 좋게 약제를 뿜어내다 바람이 부는 방향에 따라서는 그 약제를 내가 흠뻑 뒤집어쓰게 되는 경우도 있다. 물론 비닐 우비와 바지, 고무장갑, 소독 마스크로 완전무장을 하고 작업에 임하지만, 그래도 가끔 안에 입은 셔츠에까지 약제가 스며들 때는 보통 기분이 나쁜 게 아니다. 될 수 있는 한 더워지기 전에 마치려고 이른 아침부터 서둘러도, 해가 떠오르면 금세 기온이 상승하는 바람에 '전신 밀폐 상태로 얼마나 견디나' 대회가 되어버리고 만다. 내가 될 수 있는 대로 소독을 적게 하려는 것은, 안전한 먹을거리 생산의 의미 말고도 괴로운 작업으로부터의 회피라는 또 다른 이유도 있는 것이다.

일련의 소독 작업이 끝나고 나무의 성장도 멈추고 나면, 색깔이 들기 시작한 포도가 익어가는 것을 지켜보는 일만 남는다. 그런 이유로 가을이 오면 정말 휴, 하고 안도의 한숨이 나온다. 9월에 들어서면 언제 수확해도 좋을 만한 색깔과 모양이 되지만, 될 수 있는 대로 수확 시기를 늦춰 당도를 높인 다음 충분히 익은 포도를 딴다. 그래서 빌라데스트의 포도 수확기는 해마다 약간씩 달라지기는 하지만 대체로 10월은 돼야 한다.

## 첫아이 같은 '빌라데스트 1993년'

여름에는 출하하는 채소 수확으로 빌라데스트 전 스태프가 아침부터 저녁까지 눈코 뜰 새 없이 바쁜 상황이라, 내가 포도밭에서 두어 시간만 지체하고 있어도 아내는 불만스러운 표정이 된다. 채소 쪽 일에 좀 더 매진하기를 바라는 것이다. 그 마음을 이해 못 하는 것은 아니지만, 내가 포도를 편애하느라 그러는 것만은 아니다. 포도

첫 수확한 포도로 만든 기념비적인 '빌라데스트 1993'.

는 아무도 관심을 기울여주는 사람이 없으니까 하나부터 열까지 나 혼자 해야 하는 형편이다. 포도밭 전용 스태프를 고용하면 얼마나 편할까 생각하면서도 마치 망나니 자식에게 마음을 뺏기는 아비 같은 심정으로 어쩔 수 없이 포도에 붙들려 있다. 그러나 그렇게 손이 많이 가는 만큼, 수확을 맞이하는 기쁨 또한 각별하다. 10월 하순에 접어들면 채소도 고추와 늙은 호박 정도만 남으니까 아내의 표정에도 여유가 돌아온다.

1993년은 비도 많이 오고 저온 현상이 이어진 탓에 10월 말까

언젠가는 이 라벨을 단 와인이 정식 출시되리라는 꿈을 가지고 애정과 정성을 기울여 라벨을 디자인하고 있다.

지 꽉 채워 햇볕을 받게 한 후 수확했다. 11월, 첫서리가 내리기 직전이었다. 아직 2년밖에 되지 않은 어린 포도나무라 송이도 많지 않아 수확은 간단히 끝났다. 보통 포도나무는 묘목을 심고 나서 3년 정도가 지나야 포도가 열리기 시작해 5년째는 되어야 비로소 제대로 수확할 수 있다. 그러니까 심은 지 2년밖에 안 돼 열린 포도들은, 유난히 성장이 빨랐던 몇몇 포도나무들의 착각의 산물인 셈이다. 찌그러진 알맹이 등을 떼어버리고 달아보니 전부 합해서 25킬로그램. 품종은 메를로, 피노 누아, 샤르도네, 이렇게 세 종류였지만 화이트 와인용의 샤르도네는 양이 너무 적어서, 메를로 20킬로그램과 피노 누아 5킬로그램이 와인을 만들 수 있는 포도의 전부였다.

와인용 포도를 재배한다고 하면, "그럼 와인도 직접 만듭니까?" 하고 묻는 사람들이 많은데, 그런 일은 절대 없다. 무면허로 양조를 하다간 은팔찌를 차게 된다. 양조 면허를 내려면 막대한 시설을 갖추어야 하니 아직은 여러 모로 무리다.

그런 연유로 직접 포도주를 만드는 것은 처음부터 포기했다. 마침 근처에 맨즈와인 고모로 와이너리가 있어 그곳 프로들에게 이 포도들을 맡기기로 했다. 묘목을 사는 일에서부터 재배 기술 등, 포도에 관한 모든 것은 이 와이너리의 신세를 지고 있다. 수확한 포도를 와이너리로 가져가 아내와 둘이서 발로 밟아 으깼다. 양은 얼마 안 되었지만 정말 특별한 경험이었다. 아내와 둘이서 새 고무장화를 신고 커다란 통에 담긴 포도를 밟아서 곤죽을 만들었다. 그렇게 해서 스테인리스 통에 담겨진 포도즙이 맨즈와인 기사의 세심한 손길에 의해 와인이라는 물건으로 거듭나는 것이다.

난생 처음 내 손으로 키우고 수확한 포도로 만든 '빌라데스트 1993년' 레드 와인은 전부 열네 병! 메를로와 피노 누아의 다소 기묘

와인용 포도를 재배한다고 하면,
"그럼 와인도 직접 만듭니까?" 하고 묻는 사람들이 많은데,
그런 일은 절대 없다.
무면허로 양조를 하다간 은팔찌를 차게 된다.

한 조합으로 만든 혼합주이지만, 시음해보니 색깔도 진하고 향도 괜찮았다. 기후도 좋지 않았던 해에 성급하게 열린 포도로 이 정도 와인이 나왔다는 것만으로도 충분히 흡족하다. 이 기념비적인 귀중품을 홀딱 마셔 없앤다는 것이 너무 아쉬워, 그해에 병에 담은 열네 병의 와인은 고스란히 간직하고 있다.

### 내가 마실 와인을 직접 만드는 기쁨

이제부터의 즐거움은 와인 병에 붙일 라벨을 디자인하는 일이다. 올 가을의 수확이 순조롭다면 작년보다 열 배 이상 거둘 수 있

와인 향이 그윽한 소고기 와인 조림과 와인 리소토. (255페이지 레시피 참조)

을 것이다. 그렇다면 내년 봄에는 화이트 와인을 마실 수 있을 것이고, 레드 와인은 2~3년 숙성시키면 나름대로 마실 만해질 것이다. 그때쯤이면 드디어 라벨을 인쇄해야 할지도 모르겠다. 봄부터 시작해서 가을까지는 순전히 노동의 대상이었던 이 포도라는 녀석이, 수확을 마친 겨울이 되면 드디어 '도락道樂'의 대상이 된다. 라벨 디자인은 어떤 식으로 할까, 코르크 마개에 인두로 새겨 넣을 글자 모양은 어떻게 할까…….

포도를 따고부터 한두 달이 가장 가슴이 뛰는 시기이다. 아직 시음도 하지 못한 발효 중의 와인을 두고, 혹시 세계적으로 뛰어난 맛의 와인이 탄생하는 게 아닌가 하는 두근거림이 있기 때문이다. 상상은 자유 아닌가. 머지않아 매년 수확을 마친 다음에, 그동안 묵혀놓았던 '빌라데스트 와인'을 꺼내서 서로의 노고를 치하하며 건배할 날이 올 것이다. 여행을 떠나 있을 때를 빼면 우리 집에서는 거의 매일 와인을 마시니까 적어도 연간 300병은 족히 소비하고 있다. 내가 마실 그 와인을 직접 만든 와인으로 조달하는 것이 지금 나의 꿈이다.

# 천신만고 끝에 낳은
## '빌라데스트 1994' 와인 리포트

3년째를 맞이한 1994년은 예상에 가깝게 2년째(첫 수확)의 약 열 배, 와인으로는 120병 정도의 포도를 수확했다. 게다가 좀처럼 만나기 어려운 빈티지였다! 포도에는 햇볕이 보약이다. 뜨거운 햇볕이 쨍쨍 내려 쪼이는 날이 많으면 많을수록 포도가 탱글탱글 여물어 맛있는 와인이 나온다. 그러니까 1994년처럼 여름에 비가 적게 오는 해가 참 바람직하다고 할 수 있겠는데……. 실은, 이런 맑은 날이 너무 많아도 탈이다.

1994년은 너무 뜨거웠다. 지표면과 포도 잎에서 맹렬하게 증산 작용이 일어나는 바람에, 아직 뿌리가 깊지 못한 어린 포도나무들이 수분을 빨아들이느라 고군분투를 했다. 8월에 접어들면서 토마토는 햇볕에 데어서 배꼽병날씨가 고온건조해서 생기는 병으로, 과실의 표면이 변색되거나, 영양 흡수의 균형이 깨져서 과실 끝이 검게 썩는다 으로 고생고생. 블루베리는 선 채로 말라가고, 고추도 열매가 달린 채로 시들어 가는 등의 가뭄 피해가 시작되던 초기만 해도 포도는 아직 끄떡없었다.

그런데 8월 중순이 지나도록 비 한 방울 내리지 않는 상태가 계

수확한 포도는 꼼꼼하게 체크해서 상한 포도는 확실하게 따서 버린다.

속되자 그토록 의연하던 포도나무마저 생기를 잃고 잎이 시들기 시작하더니, 새로 달려 반짝반짝 하던 포도 알들도 광택을 잃어가기 시작했다. 이러다가 올해 포도 농사는 다 망하는 것 아닌가 당황한 나는 소형 트럭에 물탱크를 싣고 가서 물을 뿌려주었다. 그러나 이미 땅이 달구어질 대로 달구어진 상태라 물은 뿌리는 즉시 그 자리에서 흔적도 없이 증발해버렸다.

할 수 없다. 될 대로 되겠지. 죽을 놈은 죽어라. 이 가뭄에서 살아남은 독한 녀석들이 내놓는 소량의 진한 와인을 만들면 되지. 그렇게 반쯤 포기한 상태에서 이윽고 병아리 눈물만큼 비가 살짝 내려, 겨우 목숨을 건진 포도나무들은, 그 후 가을과 함께 찾아온 알맞은 비로 생기를 되찾고 이윽고 수확기를 맞

이했다. 피노 누아와 샤르도네는 9월 20일경, 메를로는 10월 3일. 수확의 시기는 전 해보다 3주 이상 일렀다. 이상 고온의 영향으로 그만큼 성숙이 빨랐던 것이다. 강우량 부족으로 포도 알은 잘았지만 유난히 당도가 높아서 수확할 때가 되자 말벌들이 그 단 포도를 파먹으려고 그야말로 벌떼같이 달려들었다. 쏘이지는 않았지만, 포도 피해가 막심했다. 말벌들이 파먹지만 않았어도 30송이 정도는 더 땄

이 한 알 한 알의 포도 알이 '빌라데스트 와인'의 한 방울이 된다. 그렇기 때문에 시간을 들여서 포도 넝쿨 하나하나를 들여다보며 살핀다.

을 텐데…….
　작년과 마찬가지로 맨즈와인 고모로 와이너리에 포도를 가지고 가서 역시 장화 신은 발로 밟아 뭉갰다. 와이너리에 온 다른 포도들과 비교하니 같은 품종인데도 크기가 전혀 달랐다. 다른 집 것들은 일반 포도만큼이나 알이 굵은 데 비해, 우리 포도는 머루같이 알이 잘았다. 색깔도 꽤 달랐다. 해발 850미터, 포도로서는 재배 한계를 넘어선 높이다. 그래서 여름이 별로 덥지 않게 지나가거나 짧으면 온도나 시간이 모자라 포도 농사가 제대로 안 된다. 그러나 1994년처럼 무섭게 더웠던 해는 그게 거꾸로 이점이 된다. 너무 더워서 농사를 망친 저지대에 비해 고지대 기후는 포도에게 딱 좋은 조건이 되기 때문이다. 또 스프링클러가 완비된 포도원에서는 자칫 물을 너무 많이 주게 될 우려도 있었겠지만, 빌라데스트의 포도는 주인의 방임주의 덕분에 극한의 생존 한계를 견뎌야 했다. 그런 극한의 가뭄 체험을 통해 강한 생명력을 가진 포도가 탄생했는지도 모른다.

와인의 경우, 포도 알이 잘수록 상대적으로 껍질의 비율이 높아져, 그만큼 깊은 맛이 나온다고 한다. '와인용 포도는 일반 포도에 비해 맛이 없다.'는 말은 잘못된 상식이다. 1994년 빌라데스트 와인용 포도는 그 어떤 포도보다 달고 맛있었다. 분명히 굉장한 와인이 나올 것이다. 한 3년만 지나면 '빌라데스트 최초의 빈티지 1994년 산'이라는 가치를 알아줄 날이 올지도 모른다.

다른 작물도 마찬가지이지만 어떤 와인이 나오는가 하는 문제는 인간 능력 너머의 변수인 날씨에 가장 많이 좌우된다. 그해 포도 작황에 따라 미묘하게 맛이 달라지는 와인을 즐기면 되는 것이다. 최근에는 국산 중에도 좋은 와인이 많이 나와 있고, 수입 와인 중에

도 저렴한 것들을 쉽게 구할 수 있다. 브랜드가 어쩌고 빈티지가 어쩌고 따지기 전에 부담 없이 매일 마실 수 있는 적당한 가격의 와인 중에서 자신의 입에 맞는 것을 찾아, 될 수 있는 대로 여러 와인을 마셔보는 것이 와인을 이해하고 즐기는 지름길이다. 지식이나 정보에 현혹되지 말고, 자기만의 '하우스 와인'을 고를 것. 내 경우에는 앞으로 2~3년이면, 매년 꾸준히(작황이 어쨌든) 생산될 '빌라데스트 와인'이 바로 '하우스 와인'이 될 것이다. 그러나 혹시 와인을 위한 포도를 자기 손으로 직접 재배하겠다는 계획을 가진 사람이 있다면, 그런 무모한 계획은 실행에 옮기지 않는 게 좋겠다는 충고는 미리 해둔다.

# 11월

빌라데스트를 둘러싸고 있는 잡목림, 그 뒤로 펼쳐진 산기슭,
눈부시게 아름다운 단풍으로 천지가 물드는 이 계절.
대부분의 밭농사가 끝나 한숨 돌릴 시기이지만
우리들은 덩굴이나 나무 열매를 찾아 맑은 가을 하늘 아래 산속으로 들어간다.
자연의 소재를 모아 크리스마스 리스를 만들기 위해서다.
리스 만들기는 행복을 염원하는 마음을 담고 모으는 의식이다.

# 색색으로
# 조용히 물드는 늦가을

　이곳 신슈 산속의 가을은 정말 빨리 지나간다. 달력상으로는 이미 가을이라 해도 포도 수확이 끝나는 10월 말까지는 쉴 새 없이 작업이 이어지므로 농번기와 조금도 다를 바 없다. 그때까지 수확이 이어지는 밭작물로는 고추가 있다. 가을이 되어도 여전히 빨갛게 익는 고추는 2~3일에 한 번씩 도쿄로 출하한다. 장식용 늙은 호박도 수확한다. 10월 말의 할로윈용 호박이다. 제일 늦게까지 남는 일은 마늘과 양파 심기다. 마늘은 쪽을 일일이 떼어서 하나씩 심고, 양파는 씨를 뿌려 여름 내내 비닐하우스에서 기른 모종을 비닐 멀칭을 한 두둑에 구멍을 뚫고 심는다. 그렇게 해서 겨울에, 텅 빈 밭의 얼

리스의 포인트가 되는 빨간 열매가 달려 있어서 숲에서 열심히 찾아다니는 찔레 덩굴. 그런데 조심해서 잘라내야지, 잘못하면 이 찔레 덩굴 가시에 다칠 수도 있다.

어붙은 땅 속에서 생명을 키워가는 것이다.

　이런 일련의 작업들을 모두 마치고 나면 이윽고 빌라데스트에는 정적이 찾아온다. 문득 돌아보면 주위는 어느새 단풍으로 곱게 물들어 있다. 벼 베기가 끝날 무렵부터 청명한 가을 날씨가 계속된다. 마당 끝에서 바라보는 일본 알프스 산이 맑은 대기 속에 선명하게 윤곽을 드러내는 것도 이 즈음이다.

리스는 꽃이나 풀로 만든 둥근 장식을 말하는데,
이 원이라는 것은 시작도 없고 끝도 없다는 점에서
영원한 생명의 상징으로 여겨진다.

## 리스 만들기는 늦가을을 만끽하는 소일거리

　이렇게 맑은 가을 하늘 아래 우리들은 손에 바구니를 들고 숲으로 들어간다. 어느새 낙엽이 지기 시작한 숲으로는 연약한 가을볕이 깊게 파고들면서, 여기 저기 멋지게 뻗은 덩굴, 새빨갛게, 새카맣게 혹은 청보라 빛깔로 익은 나무 열매들의 모습을 눈부시게 비춘다. 등나무, 으름덩굴, 칡덩굴은 될 수 있는 한 길게 자른다. 빨간 열매를 달고 있는 찔레 덩굴은 날카로운 가시에 찔리지 않도록 주의하며 잘라 바구니에 담는다. 조그만 솔방울, 이름 모를 아름다운 나무 열매, 풀 이삭, 재미있게 생긴 마른 잎 등, 눈에 띄는 대로 잔뜩 모아 들인다.

　밭농사가 끝난 후에는 다 같이 크리스마스 리스를 만들기 시작한다. 리스는 꽃이나 풀로 만든 둥근 장식을 말하는데, 이 원이라는 것은 시작도 없고 끝도 없다는 점에서 영원한 생명의 상징으로 여겨진다. 말하자면 행복을 부르는 장식으로, 원래 계절에 관계없이 1년 내내 건물의 입구나 방의 벽에 걸어놔도 좋은 것이다. 그런데 유독 계절이나 절기에 따라 거기에 맞는 장식물을 빈번히 교체하는 습관이 있는 일본에서 리스는, 크리스마스 장식이라는 인상이 강하다. 그런데 실제로 만들려고 하면 숲에서 새로운 재료를 구할 수 있는 시기가 마침 늦가을에서 초겨울이기 때문에, 리스를 만드는 가장 바람직한 계절이 겨울이기도 하다.

각자의 취향에 따라 정성을 담아 만든 리스. 새빨간 찔레 열매는 리스의 꽃이다.

물론 리스 만드는 데 재료가 될 만한 것들은 언제든지 눈에 띄는 대로 집어다 건조실에 보관해둔다. 예를 들면 말린 엉겅퀴 꽃, 양귀비 열매, 조그만 해바라기 꽃 말린 것, 또 푸른색 보리, 강아지풀, 띠, 억새…… 라벤더나 세이지 등의 허브도 당연히 귀중한 재료다. 이 시기가 되면 그렇게 모아두었던 재료들을 전부 꺼내서 새로운 덩굴로 만든 둥근 리스에 꽂거나 감거나 혹은 붙들어 매서 올해의 리스를 만드는 것이다. 우리들이 집회소라고 부르는 별채 1층은 눈 깜짝 할 사이에 여러 가지 리스 재료로 발 디딜 틈 없는 작업장으로 변신한다. 각자 자기가 사용하고 싶은 재료를 먼저 차지하려고 치열한 경쟁을 하며 자기만의 리스를 만들어간다. 스태프 외에도 마침 놀러온 친구들까지 뛰어드는 통에 언제나 떠들썩한 분위기가 되고 만다. 완성된 리스는 바로 벽에 걸고, 다들 자기가 만든 것이 가장 멋있다고 우기며 조금도 물러나지 않는다.

빨갛게 익은 고추나 색깔이 알록달록한 옥수수 등을 묶어서 조그만 장식을 만들기도 한다. 괜찮게 만들어진 리스와 장식물은 아는 사람의 갤러리 등을 통해 위탁 전시, 판매한다. 이렇게 즐거운 축제 같은 시간이 약 2~3주간 계속되는 것 같다. 그러나 너무나도 금방 지나가버리는 가을 동안 해야 할 일이 산더미인지라 한가하게 리스만 만들고 있을 수는 없다.

### 한 해 동안 수고한 땅에게 감사하는 마음으로

11월에 들어서면 벌써 서리 소식이 들려온다. "오늘밤 기온이 많이 내려가서 첫 서리가 내릴 것 같습니다."라는 일기예보가 나온 밤에는 서둘러 손전등을 들고 고추밭으로 나간다. 남아 있는 고추와 부드러운 고춧잎을 훑기 위해서다. 고추 열매는 서리를 약간 맞아도 상관없지만 잎은 서리를 한 번만 맞았다 하면 끝이다. 잎이 상하고 나면 열매도 얼마 못 가고, 고춧잎과 어린 고추로 된 조림을 만들 수 없게 된다. 서리 맞기 전의 싱싱한 고춧잎으로 만든 조림만 있으면 햅쌀밥이 얼마나 맛있는지 모른다. 서리가 이어지고 흙이 꽝꽝 얼어버리기 전에 밭의 겨울나기를 준비해두지 않으면 안 된다.

여름에서 가을까지 계속 작물을 생산해내던 밭도 그 임무를 마치고, 내년 봄까지 긴 휴식에 들어가게 되는데 이때가 바로 밭의 흙을 돌볼 시기다. 인간이 지친 몸을 돌보기 위해 보양식을 먹으며 충분한 휴식을 취하는 것처럼 밭의 흙도 그런 시간들이 필요하다. 우선 밭에 흩어져 있는 건초들을 태우고 밭 전체를 트랙터로 갈아엎는다. 그리고 필요에 따라 잘게 썬 짚이나 왕겨 재를 뿌리기도 한다. 그렇게 해두면 서리가 내리고 눈이 내리는 겨울, 밭은 편안히 누워서 휴식을 취하며 회복해갈 것이다.

새롭게 마늘과 양파를 심을 두둑, 집에서 먹기 위해 기르는 시금치 외 약간의 겨울 채소, 그리고 밖에서 겨울을 나는 다년생 허브가 있는 밭을 제외하면 대부분의 밭은 이른 봄, 아무것도 없었던 때의 상

색색으로 조용히 물드는 늦가을

태로 다시 돌아간다. 그렇게 왕성하게 번식하던 식물들이 흔적도 없이 사라지고, 트랙터가 갈아놓은 고랑만이 뚜렷한 그림자를 만들어 내고 있는 것을 바라보고 있으면, 이것으로 올해 농사도 끝났구나, 하는 실감과 함께 땅도 인간도 최선을 다한 한 해였다는 뿌듯한 충족감이 찾아온다.

### 아쉬움과 안도감이 교차하는 시간

무더운 여름이 지나고 급격히 기온이 떨어진 가을이 이어지면 그해는 유난히 단풍이 곱다. 그 고운 단풍을 집안 창가에 서서 바라보고 있으면 문득, 따뜻한 화톳불의 연기 냄새가 그리워진다. 농사를 짓기 시작하고부터 아웃도어 생활에 대한 흥미가 사라졌다. 집 밖에

가을만 되면 밖으로 나가고 싶은 마음이 간절해진다. 나를 위한 모닥불을 피우고 간단한 요리를 만들어 술잔을 기울인다. 숲에서 딴 버섯으로 만든 버섯 와인 소테와 나뭇가지에 끼워 굽고 있는 고기.

나가 있는 동안은 거의가 농사를 위한 작업의 시간이지 여가를 즐기는 시간이 아니다. 그렇게 열심히 일을 하고 나면 집안으로 들어가 쉬고 싶어진다. 그래서 여름에는 많은 사람들이 놀러와 야외에서 바비큐를 할 때를 제외하고는 밖에서 불을 피우는 일이 거의 없다.

그러나 이렇게 겨울 문턱에 서면 문득, 나 자신을 위해 작은 모닥불을 피우고 싶은 생각이 슬며시 든다. 낙엽을 모으기 위해 숲으로 들어갔을 때 특히 그렇다. 조그만 모닥불을 하나 피워 그 위에서 뭔가를 지글지글 익혀가며 술잔을 기울인다. 벌써 바람도 많이 차가워졌는데 굳이 이러고 있는 것은 바깥의 공기를 조금 더 느껴보고 싶어서다.

밭농사라는 것, 참으로 묘한 구석이 있다. 농번기의 지독히 더운 날은 금방이라도 죽을 것처럼 괴롭다. 하루하루 피로는 쌓여가고, 이러다가 가을까지 버틸 수 있을까 하는 불안감마저 든다. 그러나 아침저녁 서늘한 바람이 불어오면서 드디어 농사철의 끝이 보이기 시작하면 해안선에 도달한 난파선처럼 저절로 안도의 한숨이 나온다. 그런데 그렇게 1년 농사가 끝나고 나면 이대로 밭과 작별을 하고 돌아서서 집안으로 칩거한다는 사실이 어딘지 모르게 아쉬워서 자꾸 미적거리게 된다. 괜히 감상적인 기분에 젖어들면서 바깥바람을 조금이라도 더 쐬고 싶어진다.

가끔 겨울이 있는 이곳으로 이사 오게 돼 다행이라며 아내와 마주보고 웃을 때가 있다. 만약에 우리가 여름도 겨울도 없이 1년 내내 농사를 지을 수 있는 남쪽 나라 어디로 이사를 갔다면 어땠을까? 농사짓는 사람은 흙이 일하는 동안은 같이 움직이게 마련이다. 1년에 반만 일하고 반은 쉬면 되지 않겠냐고 묻는 사람이 있을지 모

른다. 하지만 땅이 무엇인가를 길러내는 한 무언가를 심지 않고는 못 배길 것이다. 살아 있는 땅을 보면 저절로 손이 움직이는 것이 농사꾼이니까. 우리도 이제 그런 농사꾼 기질이 완전히 몸에 뱄다. 그

식당을 둘러싼 그림 같은 단풍. 이 풍경 덕에 식탁은 차린 것 없이도 풍성해진다(왼쪽 페이지). 무더운 여름이 지나고 급격히 기온이 떨어진 가을의 단풍은 유난히 곱다. 고운 단풍이 지나고 나면 서리가 내린다. 서리는 겨울의 도래를 예감케 한다.

래서 추운 지방이라 다행이라는 것이다. 땅이 얼어 있는 한 일하고 싶어도 못 하니까. 대지가 가사 상태로 잠들어 있는 동안은 우리들도 마음 놓고 쉴 수가 있다.

### 단풍을 바라보며 겨울 여행 계획하기

11월에 해야 하는 일 중에는 논에 가서 볏짚을 얻어오는 일이 있다. 짚은 흙에 섞어주기도 하고 밭고랑에도 두둑하게 깔아준다. 그렇게 하면 잡초도 덜 나고 비가 왔을 때 흙이 작물에 튀는 것도 막아 병충해도 적어진다. 그리고 열매를 딸 때도 고랑에 짚이 깔려 있으면 편하게 일할 수 있다. 그래서 벼농사만 짓고 밭농사는 짓지 않

는 농가에 부탁해서 기계로 추수를 마친 논에 흩어져 있는 볏짚을 될 수 있는 대로 많이 얻어다 밭 한구석에 높게 쌓아놓는다. 아내와 둘이 소형 트럭으로 수도 없이 왕복을 하며 모아들인다.

　　월동 준비, 볏짚 모으기, 리스 만들기로 동짓달은 눈 깜짝할 사이에 지나가 버린다. 겨우내 얼어 있던 땅을 갈 수 있으려면 4월은

돼야 하지만 농사를 시작하는 것은 3월이다. 그때부터 비닐하우스에서 씨 뿌리기 등의 농사 준비를 시작하기 때문이다. 수확도 마찬가지다. 수확은 10월까지여도 농사일이 완전히 마무리 되는 것은 11월 말이 되어서다. 결국 몸과 마음이 완전히 쉴 수 있는 농한기는 12월에서 2월 말까지의 겨우 3개월뿐이다. 그 동안 무엇을 할까. 식당의 창문 밖으로 펼쳐지는 단풍을 바라보며 둘이서 겨울 시즌의 외국 여행 계획을 세우는 것은 무엇과도 바꿀 수 없는 최고로 행복한 시간이다.

알록달록하게 변해가는 빌라데스트의 가을. 부드러운 햇빛이 쏟아지는 가을 오후의 빌라데스트는 시간이 정지한 듯 평화롭고 아늑하다.

# 12월

아침에 눈을 뜨니, 집 주변에 살짝 눈이 내렸다.
소록소록 내리는 가루눈에 싸여
빌라데스트는 크리스마스를 기다리고 있다.
'샴페인 같은 활력과 코냑 같은 장수를 위하여~'
우리들은 잔을 들어 다가오는 한 해를 축하하며 건배한다.

# 수확의 기쁨과 자연에 대한 감사를 담아, 건배!

때때로 11월에도 바람에 섞여 춤추듯 눈이 흩날리기도 하지만, 마른 나뭇가지에 하얀 꽃을 피우는 눈은 12월 중순을 지나 크리스마스 즈음에 내린다. 매년 다르기는 하지만 원래 이곳은 눈이 그다지 많이 오는 지역은 아니다. 눈이 많이 내린 겨울이라고 해봐야 40센티미터 이상 쌓일 정도로 내리는 적이 대여섯 번 정도 있을까 말까다. 그것도 북쪽으로 경사진 숲의 그늘이라면 얼어붙어 한동안 남아 있지만, 빌라데스트 주변은 사방에서 햇볕이 내리쬐는 산기슭이라 길어야 하루 이틀이면 반 이상 녹아서 사라져버린다.

내가 만든 눈사람. 눈 코 입은 호박과 옥수수 등으로 만들었다.

## 눈 오면 일단 밖으로 고고!

눈이 20센티미터만 내리면 나는 즉시 밖으로 나가 눈사람을 만든다. 그런데 아침 일찍이는 가루눈이 좀처럼 뭉쳐지지 않는 통에 그것도 쉽지 않다. 햇볕을 조금 쪼여서 약간 물기가 돌았을 때 재빨리 만들어야 한다. 장식용 호박이나 리스 재료로 쓰던 옥수수 등을 대충 들고 나가서 눈 코 입을 달아준다. 그런데 이렇게 만들어 놓아 봤자 몇 시간이 지나지 않아 대개는 녹아서 무너져 내린다.

그래서 눈은 아침이 좋다는 거다. 아침에 유별나게 밝은 기운에 눈을 떠보면 바깥에는 눈. 밤사이에 내린 눈이 온 세상을 은색으로 바꾸어버렸다. 서쪽 산 너머로 병풍처럼 솟은 일본 알프스는 마침 떠오르는 햇빛을 받아 황금빛으로 빛나고, 눈 아래로 펼쳐지는 아랫마을과 숲은 마치 슈거 파우더를 뿌린 듯 하얀 눈을 뒤집어쓰고 있다. 잡목림의 나무들은 그 가는 가지 끝까지 하얗게 쌓인 눈을 이고 무거운 듯이 서 있다. 그러나 겨울 아침 느지막이 떠오른 태양의 순회가 시작되면 눈부신 햇빛 세례를 받은 하얀 눈꽃들이 녹아내리기 시작한다. 이 녹아내린 눈꽃들은 부드러운 곡선으로 투명하게 얼면서 가느다란 나뭇가지 하나하나를 마치 유리세공품처럼 투명한 피막으로 감싼다. 정말 형언하기 힘든 기막힌 조형미다. 이런 아침에는 추위도 잊고 마당 끝에 서서 하염없이 숲을 바라본다.

눈이 오면 마을로 내려가는 길이 얼어붙어 위험하고, 때로는 신문배달이나 우편물 차가 올라오지 못하게 되는 등, 생활의 불편이 따르지만, 그래

수확의 기쁨과 자연에 대한 감사를 담아, 건배!

도 겨울에는 눈을 기다리게 된다. 특히 크리스마스가 다가오면 더욱……. 가루이자와에서 살던 때를 합치면 신슈의 산속 생활도 벌써 10년이 넘었다.

## 종교와 상관없이 크리스마스를 즐긴다

추운 산에서 숲에 둘러싸인 환경 때문인지 전보다 크리스마스에 대한 관심이 높아졌다. 나는 기독교인은 아니지만 종교라는 틀을 넘어 하나의 겨울 축제로 특별한 행사가 있는 것도 나쁘지 않다는 생각이다. 크리스마스는 원래 북유럽의 동지 축제였다고 한다. 하루하루 짧아져가는 해, 이러다가 모든 것이 멸망해버리는 것이 아닌가 하고 불안을 느낄 만큼 극도로 해가 짧아진 어느 하루를 기점으로 해는 다시 조금씩 길어진다. 즉 동지는 죽어가던 태양이 다시 살아나는 날이다.

북유럽이나 독일의 일부 도시들에서는 크리스마스 이브에 벽난로에 과일나무 장작을 태우는 풍습이 있다고 한다. 사과나무같이 굵은 가지에 불을 붙여 밤새도록 태운다. 아침까지 불이 살아 있으면 다음 해는 풍년이 든다고. 겨울이 되어 잎이 떨어지고, 말라 죽은 것처럼 보이는 나무가 봄이 되면 다시 새싹을 틔우는 신비함. 그리고 여름이 되면 열매를 맺고, 사람들에게 영양을 공급해주는 고마움. 나목에 둘러싸여 눈 속에 묻힌 채 길고 혹독한 겨울을 견디며 살아가던 사람들이 '과연 내년은 어떨까, 이 마른 나무들에서 과연 다시 열매를 볼 수 있을까……' 하는 불안을 이기기 위해, 하늘이고 땅이고 하느님이고 아무튼 어디엔가 기도하고 싶어졌을 심정. 나는 이제 그 마음을 진심으로 이해한다.

태양이 다시 살아나는 날에, 장작불로 온기를 취해가며 매일의 양식을 위해 기도한다. 옛날부터 내려오던 이런 토착신앙이 나중에 기독교와 연결되어 크리스마스 – 예수의 탄생 축제가 되었다. 아기의 탄생은 인간의 '부활'을 의미하기 때문에 크리스마스는 아이들의 축제가 된다. 그래서 성 니콜라우스 전설과 수목 신앙이 연관되어 산

타클로스다, 크리스마스트리다 하는 요소가 생긴 것이다. 산타가 어린이들의 선물을 가지고 올 때 굴뚝을 타고 찾아온다는 것도, 벽난로에 부활의 기원을 담아 과일나무 장작을 피웠던 습관에서 나온 이야기일 것이다. 12월이 되면 우리들도 들썩들썩하며 크리스마스 장식을 시작한다. 계단 아래는 크리스마스트리를 놓고, 여기저기 벽에는 직접 만든 리스를 건다.

난로 위 선반, 피아노 위, 사이드보드 위에도 소품들을 늘어놓는다. 매년 외국 여행을 하다가 마음에 드는 것들을 하나씩 사들이다 보니 이런 장식품들이 꽤 있다. 그걸 둘이서 '이렇게 놓을까, 저렇게 놓을까……' 하고 의논하며 장식하는 것도 큰 즐거움이다.

크리스마스에는 자녀가 있는 두 가족 정도를 초대하고 있다. 보통 크리스마스 이브 직전의 휴일 전날을 잡으면, 저녁에 와서 밤늦게까지 논다. 선물 교환, 즐거운 식사, 벽난로 앞에서 하는 카드놀이……. 이렇게 아이들의 축제를 끝낸 다음, 진짜 크리스마스 이브는 어른들끼리 오붓하게 지낸다. 가끔은 친한 친구들을 초대해서 1년을 돌아보며 수확의 기쁨과 자연에 대한 감사를 담아 샴페인으로 건배를 한다. '샴페인 같은 활력과 코냑 같은 장수를 위해!' 이것은 원래 그루지야에서 건배할 때 하는 말인데 왕성한 거품의 샴페인으로 시작된 조촐한 파티는 벽난로에 포도나무를 태우며 오래된 코냑을 기울이는 밤으로 옮겨간다.

12월이 되면 우리들도 들썩들썩하며 크리스마스 장식을 시작한다.
계단 아래는 크리스마스트리를 놓고,
여기저기 벽에는 직접 만든 리스를 건다.

수확의 기쁨과 자연에 대한 감사를 담아, 건배!

## 올해는 고마웠어요, 내년에도 잘 부탁해요

1년이란 시간은 정말 눈 깜짝하는 사이에 지나가 버린다. 그리고 해마다 더 빨라지는 것 같다. 어렸을 때는 세월이 정말 느리게 간다고 생각했는데 나이를 먹으니 할 일은 많아지고 생각도 많아지는데, 이것저것 손만 대고는 어느 것 하나 마치지 못한 채로 또 1년이 지나간다. 연말이라고 해도 산속에서는 특별히 분주할 일도 복잡할 일도 없다. 그저 봄에서 가을, 가을에서 봄으로 이어지는 계절의 순환이 똑같이 이어질 뿐인데도, 연하장 준비다, 1년의 반성이다 해서 나도 모르게 절기에 말려든다.

맞다! 연말에는 떡방아 찧기도 해야 한다. 이것도 벌써 빌라데스트의 연례행사로 자리 잡은 일이다. 연말에 친구들을 불러서 절구

에다 반죽을 찧어 떡을 만들어 먹는다. 전날 밤부터 쌀을 담그는 등의 준비를 해두고, 다음날은 아침 일찍부터 밖에다 불을 피우고 절구와 절굿공이를 준비한다.

옛날식으로 철썩철썩 절구에 찧은 찹쌀떡은 정말 둘이 먹다 하나가 죽어도 모를 만큼 맛있다. 손가락 끝에 찰싹찰싹 달라붙는 부드러운 찹쌀떡. 그대로 간장에 무 간 것과 함께 찍어 먹어도 좋고, 아니면 낫토와 함께 팥고물이나 콩가루를 묻혀 먹기도 한다.

집회소의 난로 위에는 닭과 파로 만든 국물을 준비해두고, 한 발 앞서 오조니설날에 먹는 일본식 떡국를 즐길 수 있도록 해둔다. 이 날만은 과식이니 다이어트니 하는 단어는 일체 꺼내지 않는 것이 우

거룩한 밤을 맞이하기 위한 세팅. 손으로 쓴 크리스마스 이브 메뉴를 곁들였다.

리 집의 룰이다. 크리스마스 행사 두 번이면 어느새 연말, 언제나 허둥지둥 떡방아 찧기 행사를 맞이하게 된다. 옛날 사람들은 12월 29일에 떡을 찧으면 고생스런 일이 생긴다며 꺼렸다. 내가 어렸을 때부터 들어왔던 그 소리를 했더니, 요즘 젊은 사람은 아무도 그런 이야기를 들은 적이 없단다.

어쨌든 그렇게 설날이 코앞에 다가올 때까지 떡도 못 해 놓아서는 안 된다는 경계의 의미일 것이다. 자랑할 일은 아니지만, 우리 집은 연하장 인쇄도 12월 31일이나 되어야 겨우 끝나고, 새해가 밝은 다음에야 받을 사람의 주소를 쓰기 시작한다. 이렇게 막바지까지 밀리는 상황은 당분간 계속될 것 같다.

아, 또 하나가 남았다! 아주 중요한 일인데 잊어버릴 뻔했다. 새해맞이 소나무 장식이다. 소나무 장식을 하루 전에 급조하면 재수가 없다고, 이것도 옛날부터 들어온 이야기인지라, 아무리 늦어도 30일까지는 만들어야 한다. 집 뒤편의 소나무 숲으로 가서 씨앗이 떨어져서 새로 난 어린 소나무의 가지를 꺾어온다. 그 작은 가지를 보기 좋게 묶어 현관 기둥에 고정시킨 다음에 볏짚으로 새끼를 꼬아서 원을 만든다. 풀고사리는 가까이에서 나는 것이 없어서 생략. 어쨌든, 올해에서 내년으로, 끊임없이 이어지는 영원한 생명력을 기원하는 것이라면 이 소나무 장식도 리스와 똑같은 의미일 것이다.

대청소를 하고 장식물을 확인한 다음, 시늉뿐인 명절 음식 만

감사의 마음을 담아, 활기찬 거품이 오르는 샴페인으로 건배!
전채는 도미 타르타르(왼쪽), 오늘밤의 메인은 오리 로스트(오른쪽).
(257, 258페이지 레시피 참조)

들기에 착수하는 시각은 한 해가 불과 몇 시간밖에 남지 않은 때다. 요리 만들기가 일단락되면 다시 한 번 둘만의 샴페인 타임. 1년간의 노고를 서로 치하하며 탁탁 기세 좋게 올라오는 거품을 입안으로 털어 넣는다. 내년도 또 그 다음 해도, 별 탈 없이 살아갈 것을 기원하면서. 산 위에서 맞이하는 밤은 정말 조용하다. 특히 눈이 내려 쌓인 밤의 정적은 괴괴할 정도다. 이렇게 빌라데스트는 한 해를 마무리하고 또 새롭게 한 해를 맞이한다.

# 다마무라 추천 요리 레시피

\* 모든 재료는 4인분 기준으로 양을 맞추었다.

## 버섯 리소토

쌀 300그램(1인분 70~80그램 기준), 계절에 따라 그때그때 따는 버섯 적당량,
마른 버섯(말린 포르치니가 있다면 더할 나위 없이 좋음) 한 주먹,
닭 육수(과립이나 큐브로 된 것도 괜찮음) 적당량, 생크림, 버터, 올리브오일, 소금, 후추

① 예열한 프라이팬에 올리브오일을 한 큰술 정도 넣고 달군다.

② 불리지 않은 생쌀을 가볍게 볶는다. 기름으로 투명해진 쌀의 일부가 하얗게 변할 때까지 잘 섞어가며 볶는다.

③ 버섯 불린 물과 닭 육수를 자작하게 붓는다. 뚜껑을 닫지 않고 중불에서 잘 섞어가며 끓인다.

④ 10분 정도 지나면 물에 불린 버섯과 생 버섯을 넣는다. 그대로 끓이다가 수분이 모자라면 육수를 적당히 붓는다. 20분 전후에 완성되는데, 15분이 지난 시점부터 쌀을 한두 알을 먹어본다. 쌀이 약간 딱딱하게 씹히는 정도가 가장 좋다. 그때쯤 되직해지도록 수분을 증발시킨 후, 소금과 후추로 간을 한다.

⑤ 마지막으로 버터 한 조각과 생크림 약간을 넣으면 좀 더 부드러운 맛이 난다. 말린 버섯이 없을 때는 생 버섯을 몇 조각으로 잘라 하루 정도 햇볕에 말려서 사용한다. 말린 버섯을 불려서 사용해야 깊은 맛이 난다. 생 버섯이 없을 때는 말린 버섯만으로 만들어도 괜찮다.

# 만두

**- 만두소**
다진 돼지고기 200그램, 배추 1/2포기, 말린 새우 적량, 말린 표고버섯 2개, 파 1/2대, 마늘, 생강, 소금, 후추, 간장

① 말린 새우와 표고버섯은 물에 불려 다지고, 파, 마늘, 생강도 모두 다진다. 배추도 가능한 한 잘게 썬다(배추 외에도 부추 등 좋아하는 채소를 넣는다).

② 커다란 볼에 다진 돼지고기와 ①의 재료를 넣고, 버섯과 새우 불린 물을 조금씩 넣으며(너무 질어지지 않게 주의) 손으로 잘 주물러 맛이 골고루 배게 만든다.

③ 소금, 후추 그리고 아주 약간의 간장으로 간을 한다. 간을 보기 위해서는 속을 조그맣게 뭉쳐서 끓는 물에 삶아서 먹어보면 좋다.


**- 만두피**
강력분 300그램, 박력분 300그램, 소금 약간, 끓는 물 1컵, 녹말 약간

① 동량의 강력분, 박력분에 소금을 조금 넣고 잘 섞는다.

② 나무젓가락 등으로 잘 섞어가며, ①에 뜨거운 물을 붓는다. 귓불 정도로 말랑거릴 때까지 반죽해서 랩을 씌워 30분 정도 재워둔다.

③ ②를 손으로 늘려 봉의 형태로 만들고 그것을 2센티미터 정도 길이로 썬다. 이렇게 썬 조그만 덩어리를 직경 10센티미터 정도로 둥글게 민다. 반죽을 밀 때는 녹말을 뿌려가며 하는 것이 좋다.

④ 만두피에 소를 넣고 싼다.

⑤ 삶아서 물만두로 먹어도 좋고 군만두로 먹어도 맛있다.

# 세이지 소스를 곁들인 흑돼지고기 로스트

흑돼지 어깻살 600그램, 세이지 한 주먹, 파슬리 2~3줄기, 올리브오일, 소금, 후추

① 프라이팬에 올리브오일을 1~2큰술 두르고 달군 다음, 고기의 겉면이 살짝 탈 때까지 굽는다.

② 불을 줄이고 뚜껑을 닫은 다음 10~15분 정도 굽는다. 필요 이상 타지 않도록 가끔씩 고기의 위치를 바꿔주거나 뒤집어준다. 손가락으로 눌러보아 전체적으로 약간 단단한 탄력이 느껴질 때 불을 끄고, 잠시 그대로 둔다.

③ 식은 다음 꺼내서 잘 드는 칼로 3~4센티미터 두께로 자른다. 중심 부분이 약간 붉고 육즙이 남아 있는 정도가 가장 좋다. 혹시 중심 부분이 너무 안 익었을 때는 다시 한 번 프라이팬에 굽고 탄 부분은 잘라내면 된다. 이때 너무 굽지 않도록 주의하는 게 중요하다.

④ 세이지 잎과 파슬리 잎을 가능한 한 잘게 다진다. 1 대 1 비율이면 세이지 향이 너무 강하니까 참고해서, 취향에 따라 조절한다. 잘게 다진 허브에 올리브오일을 섞고 소금, 후추로 맛을 낸다.

⑤ 돼지고기 로스트를 접시에 담고 그 옆에 세이지 소스를 곁들인다.

# 생선 향초 구이

................................................................

구이용 생선, 타임, 처빌, 로즈메리(줄기째), 붉은 후추, 레몬, 올리브오일, 소금

① 생선은 비늘과 내장을 제거하고 뱃속을 소금으로 가볍게 문지른 다음, 타임, 처빌 등의 허브로 채워 모양을 바로 잡는다.

② 보통의 생선 구이와 같은 방법으로 그릴에서 소금구이를 한다(생선 몸통에도 가볍게 소금을 문지른다). 모닥불 등에서 구울 때는 불속에도 타임을 사르면 생선에 향이 밴다.

③ 로즈메리 줄기를 뜨거운 기름에 넣고 바로 불을 끈다.

④ 접시에 구운 생선을 올리고 로즈메리 향이 우러난 기름을 두른다. 로즈메리 줄기, 처빌 잎, 붉은 후추 등으로 장식한다. 레몬을 곁들여낸다.

다마무라 추천 요리 레시피

# 소고기 카르파치오

기름기가 적은 소고기 400그램, 올리브오일, 좋아하는 버섯 적당량,
파르미자노 치즈 적당량, 소금, 후추, 레몬즙

① 얇게 저민 소고기를 쟁반에 늘어놓고 올리브오일을 발라 1시간 정도 재워둔다.

② 소금과 후추를 뿌리고 접시에 보기 좋게 담는다.

③ 얇게 저며서 레몬즙을 뿌려둔 버섯을 소고기 위에 올린다. 얇게 자른 파르미자노 치즈를 위에 뿌린다. 버섯이 없을 때는 루콜라 등의 채소를 올려도 된다. 취향에 따라서 마늘, 양파, 파 등을 잘게 썰어 곁들여도 맛있다. 올리브 향이 너무 강하다고 느끼는 사람은 간장을 약간 섞으면 먹기 편하다.

# 호박 리소토

쌀 300그램, 중간 크기 호박 2~3개, 생크림 반 컵 정도, 닭고기 육수 적당량,
중간 크기 양파 1개, 마늘 1~2쪽, 올리브오일, 소금

① 호박은 색깔이 좋은 쪽의 껍질을 조금 벗겨 놓고, 호박 껍질은 실처럼 가늘게 썰어 소금 물에 살짝 데쳐서 냉수에 한 번 헹군 후 건져둔다.

② 호박은 적당한 크기로 썰어 마늘 양파 다진 것과 올리브오일에 가볍게 볶아서 식혀둔다.

③ ②가 식으면 푸드 프로세서에 넣고 생크림을 첨가해가며 간다.

④ 프라이팬에 올리브오일을 한두 큰술 넣고 달군 다음에 생쌀을 넣어 가볍게 볶는다. 기름 으로 반투명해진 쌀이 하얗게 될 때까지 볶는다.

⑤ 여기에 ③을 넣고, 닭고기 육수를 자작하게 붓는다. 중불에서 뚜껑을 닫지 않고 저어가 며 끓인다. 완성 단계는 버섯 리소토와 같다.

⑥ 완성된 리소토를 접시에 담고, ①의 장식용 껍질을 위에 올린다.

# 칵테일 새우와 토마토소스

1인분(1인 기준), 칵테일 새우(껍질 붙은 것) 300그램, 레몬즙 약간, 흰 후추, 고수, 고추, 소금, 바질 페스토 소스 혹은 그린 소스 적당량

① 새우는 껍질을 벗기고 등에 있는 내장을 뺀 다음 소금물에 데쳐서 차갑게 식혀둔다.

② 토마토 페이스트, 레몬즙, 흰 후추, 고수, 소량의 고추를 섞어 접시에 넓게 펼친다. 장식으로 바질 페스토 소스나 그린 소스로 토마토 꼭지 같은 모양을 낸다(가운데는 올리브 슬라이스).

③ 차게 식힌 새우를 ②의 소스 위에 올린다.

- 그린 소스—파슬리, 바질, 민트 등을 잘게 다져 식초와 올리브오일에 혼합한 것.
- 바질 페스토 소스—바질, 호두 또는 잣, 파르미자노 치즈, 올리브오일, 소금을 모두 넣고 갈아 만든 것.

# 참치 스테이크

참치 붉은 살 500~600그램, 토마토 2개, 바질 약간, 앤초비(지중해나 유럽 근해에서 나는 멸치류를 절여서 발효시킨 것) 30그램, 올리브 페이스트 4큰술, 케이퍼 약간, 올리브오일, 마늘, 소금, 후추

① 참치는 유리병이나 나무공이로 두드려서 섬유질을 끊어주고, 올리브오일, 마늘, 소금, 후추에 30분 정도 재워둔다.

② 앤초비는 잘게 썰고 케이퍼도 다져서 올리브 페이스트와 잘 섞어서 소스를 만든다. 너무 짠 경우에는 올리브오일을 더 넣는다.

③ 토마토는 껍질을 벗기고 큼직하게 썰어 바질 잎과 섞어 놓는다.

④ 프라이팬에 올리브오일을 두르고 달군 다음 참치를 '중간 익힘' 정도로 구워 접시에 올린다.

⑤ ③의 토마토와 바질을 프라이팬에 살짝 볶아 곁들인다.

⑥ 먹기 직전에 살짝 데워두었던 ②의 소스를 얹으면 완성.

# 태국풍 소고기 샐러드

스테이크용 소고기 200그램, 중간 크기 양파 1개, 쌀 조금, 마른 고추,
민트나 바질 등의 푸른 잎, 레몬 혹은 라임, 남프라(태국식 액젓)

① 소고기는 프라이팬에서 표면이 약간 탈 정도로 굽는다. 속까지 완전히 익히지 않은 상태에서 저민다. 너무 얇으면 씹는 맛이 없으므로 약간 도톰하게 자른다.

② 양파는 적당한 크기로 썰어서 물에 담가 매운 기를 빼고 물기를 닦는다. 잎채소 종류는 씻어서 물기를 빼둔다.

③ 냄비에 쌀을 볶다가 노릇한 색깔이 나면 꺼내서 절구에 찧어 가루로 만든다.

④ 쌀가루를 볼에 넣고 레몬 혹은 라임의 즙, 남프라, 잘게 다진 마른 고추를 맛을 봐가면서 넣고 잘 섞는다.

⑤ 먹기 직전에 채소와 고기에 ④를 넣고 잘 버무린다.

# 월남쌈

라이스페이퍼, 칵테일 새우, 양상추나 꽃상추, 가는 쌀국수, 민트, 레몬밤의 잎, 액젓, 설탕, 쪽파 혹은 부추

① 새우와 쌀국수를 삶아서 차게 식혀둔다.

② 솔에 물을 묻혀 라이스페이퍼의 전면에 발라준다. 물이 너무 많이 묻지 않도록 재빨리 골고루 발라준다. 가장자리는 좀 많이, 가운데 쪽은 적게 바르는 게 요령이다. 물을 너무 많이 바르면 금방 불어서 다루기가 어렵고 또 너무 적게 바르면 찢어지거나 부서진다.

③ 부드러워진 라이스페이퍼 중앙에 새우 서너 마리를 올린다(나중에 새우의 선명한 색이 비쳐 보이도록). 그 위에 상추류, 쌀국수, 민트 순으로 올려서 싼다. 쌀국수는 월남쌈에서 심의 역할을 해주는 것이므로 길이를 알맞게 맞추어 양을 조절한다. 민트 외에도 레몬밤이나 홀리바질 잎 등을 넣어도 나름대로의 풍미가 난다. 베트남에서는 약모밀(어성초)도 함께 싼다. 실파 혹은 부추를 살짝 옆으로 삐져나오도록 싸기도 한다.

④ 액젓과 물을 반반(취향에 따라 가감) 정도로 섞어, 심심하게 만든 소스에 설탕을 넣어 녹인다. 여기에 쌈을 찍어 먹는다.

# 소고기 레드 와인 조림

소고기(지방이 적은 우둔이나 설도) 600그램, 레드 와인, 중간 크기 양파 2개, 마늘 1쪽, 당근, 셀러리 약간(없으면 빼고), 버터, 밀가루, 부케가르니(육수나 소스의 향을 내는 데 사용되는 타임, 파슬리, 셀러리, 월계수 잎 등의 허브 다발), 소금, 후추, 올리브오일

① 소고기를 먹기 좋은 크기의 덩어리로 썬다. 소량의 오일을 두른 프라이팬에서 강한 불에 표면이 탈 정도로 굽는다.

② 그 고기를 바닥이 깊은 냄비에 옮기고 찬물을 넉넉히 붓고, 통마늘, 당근, 셀러리 등 향신 채소가 있으면 그것도 함께 넣어 센 불에서 끓인다.

③ 양파는 4등분 해서 그릴이나 오븐에서 표면이 탈 정도로 굽는다.

④ ②가 끓으면 거품을 걷어내고 불을 줄인 다음 ③의 구운 양파, 통후추, 부케가르니를 넣는다. 부케가르니가 없을 때는 마른 허브 몇 가지를 취향에 맞추어 적당히 넣으면 된다. 양파 껍질에 정향을 꽂아서 넣어도 좋다.

⑤ 레드 와인을 넣어서 조리는데, 맛을 보며 조금씩 추가한다. 최종적으로는 포도주 한 병이 다 들어간다는 각오를 해두는 게 좋다(색깔과 맛이 적당해졌을 때 멈춘다).

⑥ 중불에서 2시간 정도 조리고 불을 끈 다음 고기만을 다른 냄비로 옮긴다.

⑦ 프라이팬에 버터 한 큰술을 녹이고 동량의 밀가루를 볶다가 갈색이 되면 육수를 조금씩 부어 브라운 소스를 만든다.

⑧ 냄비의 육수를 거르고, 그 육수에 ⑦의 소스를 풀고 전체가 걸쭉한 상태가 되도록 약간 조린다. 국물의 양은 고기를 덮을 만큼이면 된다.

⑨ ⑥의 고기를 그 냄비 속으로 옮기고 맛이 스밀 정도로 가볍게 뒤적거려주면 완성.

# 와인 리소토

. . . . . . . . . . . . . . . . . . . . . . . . . . . . . . . . . . . . . . . . . . . . . . . . . . . . . . . .

쌀 300그램, 레드 와인 적당량, 닭고기 육수 적당량, 버터, 올리브오일

① 프라이팬에 올리브오일 한 큰술을 넣고 달군다.

② 불리지 않은 생쌀을 가볍게 볶는다. 기름으로 반투명해진 쌀의 일부가 하얗게 될 때까지 잘 저어가며 볶는다.

③ 거기에 레드 와인과 닭고기 육수를 1 대 1의 비율로 자작자작 할 정도로 붓고, 중불에서 뚜껑을 덮지 않고 잘 섞어가며 끓여서 수분을 증발시킨다. 수분이 부족할 때는 적당량의 육수와 와인으로 보충한다. 버터 한 조각을 넣고, 불을 끈 상태에서 고루 섞으면 완성.

# 인도풍 소고기 커리

소고기(안심이 좋음) 500~600그램, 양파 중간 크기 2개, 마늘 한 쪽, 생강 약간, 향신료(브라운 머스터드, 큐민, 고수, 강황, 고춧가루 등), 콩가루, 망고 가루 혹은 타마린드, 올리브오일

① 소고기는 먹기 좋은 크기로 썰어 냄비에 넣고 찬물에 삶는다. 물이 끓어 거품이 나오면 걷어내면서 뭉근한 불에 2~3시간 끓인다.

② 양파는 썰어서 올리브오일에 1시간 이상 볶는다. 중약 불에서 타지 않도록 계속 저어가며 갈색이 될 때까지 볶는다.

③ ②의 냄비에 브라운 머스터드를 넣고 볶는다.

④ ③에 ①의 고기를 건져서 넣고 향신료(큐민, 고수, 강황, 고춧가루)를 넣고 잘 섞어서 볶은 다음, ①의 육수를 조금씩 부어준다.

⑤ 걸쭉하게 만들고 싶을 때는 콩가루를 넣는다. 신맛을 원할 때는 타마린드나 망고 가루를 넣는다.

⑥ 간을 다 맞춘 다음 한 시간 정도 더 끓이면 좋으나, 계속 끓이는 게 아니라 한 번 끓은 다음 불을 끄고 식힌 다음 다시 데우는 식으로 두세 번 되풀이해야 깊은 맛이 난다.

# 도미 타르타르

........................................................................

횟감 도미 200그램, 올리브오일, 레몬즙, 김, 고추냉이, 간장, 소금, 후추

① 도미는 잘게 썰어서 칼로 두드려 으깬다. 될 수 있는 한 빠른 시간 내에 이 작업을 마친다. 거기에 올리브오일, 레몬즙, 소금, 후추를 가볍게 섞어 냉장고에 넣어 차게 식혀둔다.

② 구운 김은 손으로 부셔서 고추냉이 간 것을 섞어 칼로 두드려가며 섞는다. 소량의 간장을 넣어 수분을 조절해가며 조그만 덩어리로 뭉쳐 놓는다.

③ 먹기 직전에 ①을 접시에 담고 ②의 조그만 덩어리를 몇 군데에 장식한다. 혹시 비린내가 날 경우에는 ①에 간장을 살짝 뿌린다.

# 와인 소스의 오리 로스트

오리 가슴살 400~600그램, 레드 와인 적당량, 버터, 소금, 후추

① 오리 가슴살은 소금, 후추로 가볍게 밑간한 후, 기름이 많은 쪽을 밑으로 가게 해 프라이팬에 굽는다.

② 기름기를 녹여낸 다음, 표면이 노릇해질 때까지 굽는다. 녹아 나온 기름은 키친타월 등으로 닦아낸다.

③ 전체적으로 보기 좋게 노릇하게 구워졌을 때 뒤집어서 구워, 안쪽이 아직 덜 익었을 때, 불을 끈다. 꺼내어 식힌 후, 4~5센티미터 두께로 썬다.

④ 여분의 기름이 남아 있던 프라이팬에 레드 와인을 붓고 잘 저어주며 와인을 증발시킨다. 완성 단계에서 버터를 넣는다. 약간 걸쭉하기는 하지만, 다소 묽은 소스 완성. 버터의 양으로 좀 더 걸쭉하게 만든다. 이 와인 소스는 별도의 조미료 등을 안 넣었기 때문에 신맛이 감돌면서 산뜻하다.

옮긴이의 말

# 부럽다, 이 부부의 삶

　이 책《전원의 쾌락》을 처음 읽었을 때, 문득 생각난 시구가 있습니다.
　"다시 태어나면 / 일 잘하는 사내를 만나 / 깊고 깊은 산골에서 / 농사짓고 살고 싶다" – 박경리의 시 〈일 잘하는 사내〉 중에서
　'일 잘하는 사내'란 말이 떠올랐던 것 같습니다. 이 책의 저자 다마무라 도요오 씨는 '일 잘하는 사내'의 전형을 보여주는 사람입니다. 프랑스 문학을 전공하고 에세이스트로 살던 사람이 가루이자와에서 당시 유행하던 전원생활을 시작할 때만 해도 자신이 '농사꾼'이 될 줄은 꿈에도 몰랐겠지요. 그와 그의 아내는 2년에 걸쳐 자신들의 이상을 담은 이층집을 완성하고 집 앞으로 펼쳐진 3,500평의 땅을 허브 농원, 채소 농원, 포도밭으로 일굽니다. "텃밭에서 채

소나 기르며……"라더니! 역시 '일 잘하는 사내'의 스케일은 어디가 달라도 다릅니다.

　이《전원의 쾌락》은 그렇게 짓기 시작한 농사가 3년째에 접어든 시점의 이야기입니다. 벌써 15년쯤 전의 이야기로, 이제 그가 세운 '빌라데스트'라는 작은 왕국은 완전히 자리를 잡았습니다. 그 사이 카페도 열고, 와이너리도 만들어 '빌라데스트 빈티지 와인'을 생산하고 있답니다. 모판에 깨알같이 작은 씨앗을 심고, 싹을 틔워 옮겨 심은 허브들도 이제는 어엿한 관목으로 자라나 언덕 위를 지나는 바람에 풍성한 향기를 실어 보냅니다.

　다마무라 도요오 씨를 한 마디로 설명하자면 '산 속에서 농사도 짓고 글도 쓰며 와이너리와 레스토랑을 경영하는 화가 아저씨' 정도일까요? 역시, 한마디로는 설명이 안 되는 사람이네요. 호기심과 열정이 넘치는 이 '일 잘하는 사내'의 다망한 모습은 http://www.villadest.com을 통해 실시간으로 확인할 수 있습니다. 그렇게 여러 가지 일을 하면서도 어느 것 하나 소홀함 없이 야무지게 꾸려가는 그의 균형감각에는 혀가 내둘러집니다.

많은 사람들이 전원생활을 꿈꿉니다. 그러나 자연은 사람에게 호락호락 자신의 자리를 내주지 않는다고 합니다. 예를 들어 깊은 산속에 집을 짓고 산다고 하면, 사람이 살고 있는 동안은 그럭저럭 유지가 되지만 사람이 그곳을 떠나는 순간부터 자연은 사람이 살던 흔적을 삼켜버린다고 하더군요. 결국 자연 속에서 사는 사람은 자연과 힘의 대결을 벌이며 살아가는 셈입니다. 잠깐만 돌보지 않으면 풀 천지가 되어버리는 밭, 제때 수확해주지 않으면 썩어버리거나 새들이 다 먹어버리는 과실들.

그런 만만치 않은 자연 속에 훌륭하게 자기의 터전을 확보하고, 30년 만의 전입자로 마을 사람들과도 유쾌하게 어울려 살아가는 그의 삶, 참 멋지다고 생각했습니다.

이 멋진 남자 다마무라 도요오 씨는 농번기에는 해가 뜨기 전에 일어나 밭에 나가고, 낮에는 글도 쓰고 낮잠도 잡니다. 해가 기울면 다시 밭으로 나가 하늘이 석양으로 물들기 시작하면 호박이며 가지 등의 채소를 따가지고 들어와 요리를 합니다. 시원한 바람이 불어오는 여름 저녁, 설핏 어두워가는 하늘에서 모습을 드러내기 시작하는 별들을 바라보며 마주하는 식탁으로는 고요한 평화와 달콤한 휴식이 찾아옵니다. 먹고, 자고, 일하는, 단순 반복의 명쾌하고 건강한 행복을 만끽하는 농번기의 삶입니다.

농한기에는 주로 그림에 몰두하는데 빌라데스트의 꽃과 채소, 포도덩굴 등을 그리고 때로는 외국의 거리 풍경도 그립니다. 그의 작품들은 개인전과 순회전도 하지만, 후지 산 근처 아시노코라는 아름다운 호반에 있는 '다마무라 도요오 라이프 아트 뮤지엄'에 상설 전시되어 있습니다. 정말 하나쯤 집에 걸어 두고 싶은 아름답고 따뜻한 그림입니다.

농원의 카페에서는 빌라데스트에서 재배한 채소와 빌라데스트 와인으로 구성된 코스 요리를 맛볼 수 있다고 하는군요. 정말, 언젠가 꼭 가보고 싶다는 생각이 듭니다. 도쿄 역에서 나가노신칸센을 타고 우에다 역에 내려서 택시로 20분······.

일단, 가는 길을 파악해놓고 나니, 즐거운 기대가 하나 더 늘어 흐뭇하네요. 번역하는 내내 나가노 깊은 산속의 청명한 바람과 작열하는 태양을 함께 느끼게 해준 아주 멋진 책이었습니다.

## 전원의 쾌락
Villa d'Est et ses quatre saisons

첫판 1쇄 펴낸날  2010년 7월 22일
첫판 2쇄 펴낸날  2012년 9월 14일


지은이 | 다마무라 도요오
옮긴이 | 박승애
펴낸이 | 박남희
편집 | 박남주
디자인 | Studio Bemine, 이은주
마케팅 | 구본건
일러스트 | TOMOKO TASHIRO
제작 | 이희수


종이 | 화인페이퍼
인쇄 | 청아문화사
제본 | 정민제본


펴낸곳 | (주)뮤진트리
출판등록 | 2007년 11월 28일 제318-2007-000130호
주소 | 서울시 영등포구 양평동 2가 37-2 양평빌딩 301호
전화 | 02-2676-7117  팩스 | 02-2676-5261
E-mail | geist6@hanmail.net


ⓒ 뮤진트리, 2012


ISBN  978-89-94015-11-8 03800


* 잘못된 책은 교환해드립니다.